我的泰国养老生活2（简体字版）

My Retirement Life in Thailand 2 (in simplified Chinese characters)

B杜

Copyright © 2024 by B杜

All rights reserved.

No part of this book may be reproduced in any form or by any electronic or mechanical means, including information storage and retrieval systems, without written permission from the author, except for the use of brief quotations in a book review.

British Library Cataloguing-in-Publication Data. A CIP catalogue record for this book is available from the British Library.

ISBN 978-1-915884-40-4 (ebook)

ISBN 978-1-915884-39-8 (print)

For my Family

1、蒜皮小事

我住的三巷大概是整座山比较稀缺的存在，之所以说稀缺乃因整条巷子待售的地有三块，空置的地有两块，烂尾（还在挖地基就停工）的地有三块。换言之，可供居住的公寓楼并不多，目前也就巷底的两栋（巷头那栋是民宿），相较于其他巷，的确有开发的潜力。

某天，我问老公："你说那些待售或空置的地块是不是'违章建筑户'的？"

他回答不知道，如果是，这些人就大发了。

没错，我们的这条巷子还散落着几户违章建筑（我猜的，因为盖得相当潦草，甚至有点儿摇摇欲坠的样子），住在里面的人看似无所事事，其实是有工作的，平常就是捡拾一些瓶瓶罐罐卖钱，堆积起来的"垃圾山"让原本就不大的庭院显得更加窄小。

大概做资源回收的收入实在有限，某天，其中一户竟干起了副业——卖冰镇水果。

去过泰国的都知道，这种街边水果车看起来干净卫生，一袋切好的即食水果也不过20泰铢而已，可说是物美价廉，所以很受大众欢迎。如果把这种买卖当成收入来源，倒也不失为一种谋生途径，坏就坏在此人的选址地点不好，竟把水果车停在离家不到一分钟步程远的地方（估计一开始是想做周边邻居的生意，但住在这里的人都清楚"老板"的居住环境，连带怀疑吃了那些已削皮的水果会不会经常跑厕所，甚至成为"喷射大侠"？）。可想而知，光顾的人寥寥无几，他是卖了个寂寞。

几日过后，这位水果车车主也意识到"风水不好"的问题，开始转移阵地至巷头，那里紧挨着7-11，同时面朝双车道"大"马路，与之前的位置比，的确好很多，但他提供的水果品种和量实在太少，引不起购买欲，很快便"创业"失败。

我以为这条巷子又会恢复原有的平静，哪晓得才平静了一个多月，靠近巷底的路旁多出了一张桌子（上面摆放着水果）和一把遮阳伞，每当我遛狗经过时，坐在桌旁的女人总会主动跟我打招呼。

"萨瓦滴卡。"我回复，然后低头走开。

话说那些未经处理的水果应该没有安全隐忧，但我为什么不购买？原因有三：

1、遛狗时，我向来不带钱包。

2、一旦买了，下次经过若不买就尴尬了。

3、水果市场的选择性更多，价格又便宜，我和老公一周至少会去一次，实在不需要"就近"购买。

大概别人也有这个、那个的考量，反正经营了两个多月的"克难式水果摊"最后还是倒闭了。其实用"倒闭"一词来形容并不真切，具体来说应该是换个地方卖（但情况也好不到哪里去），而这个地方就近在咫尺，也就是戴小帽的女人的家。

在《我的泰国养老生活1》一书中，我曾提到戴小帽的女人，这里不再赘述。我要说的是她家的客厅朝着巷道，若把木门全打开，就跟商户一样，可以直接开门做生意，想来他们也正打算这么干。

根据我的观察，这家人一开始并没有长远的规划，而是单纯地想卖水果，所以在狭窄的空间里硬挤出空位摆上一张大桌子，上面的水果似曾相识（如我所说，很像是从克难式水果摊搬过来的，这让我联想到两家很可能是亲戚关系，因为也只有亲戚才会那么没有边界感），而原来的克难式水果摊则卖起了炸串，炸锅的电线还是从家里拉过来的……

自从"开门做生意"后，戴小帽的女人不再忙着做垃圾分类，也不见她搓洗衣服，而是脱下帽子，静静地坐在室内守着一桌子的水果。由于客人极少，多半时候她呈发呆状态，很难说这种生活是否更加轻松。

过了半个月，我发现这家小店多出了一个冷藏柜，里面摆满了饮料和酒（这倒是个好思路，虽然7-11离此也就300米远，但总有犯懒的人不愿走这么一遭）。

某天，我晚了两小时才出门遛狗，外面已漆黑一片，但路边却闪着五颜六色的光芒。走近一看，戴小帽的女人的家又不一样了，瞧！屋檐下方挂了一长串的小灯泡，看着像是圣诞节的装饰灯（我有点儿怀疑这是从垃圾堆捡回来的），同时多出来的还包括一张木桌和数把木椅。

"看样子他们想将店做大、做强，"我心想，"可是有谁会在这么简陋的店里消费呢？"

又过了一段时间的某个夜里，我赫然发现小店来客人了，两个工人模样的人坐着喝啤酒，桌上有一碟花生（想来是店家赠送的），而店内唯一的一架电风扇正朝着客人吹……

我忽然有种莫名的感动，斯是陋室，但照顾客人的心却无比真诚。

后来的后来，只要夜幕降临，陋室小店里总能见到饮酒的客人（当然，他们也是购买炸串和水果的潜在消费群）。有一次，我竟然还看到一位白人"酒客"，真是大开眼界，莫非他就喜欢这种"接地气"的氛围？

以上是一家店从无到有的整个过程（如果把水果车和水果摊当作成功的垫脚石，同时把后来的炸串摊看成该店后厨的话），让我见识到社会底层为了生存做了多少的努力与尝试。

说这些不过是蒜皮小事，但生活不正是由许多的蒜皮小事组成，真正的高光时刻只会偶尔飘过吗?

这就是生活！

2、袖珍人

我们楼里有个袖珍人，一开始，我挺想打招呼，但她的眼光没落在我身上，我也就顺其自然地"一眼带过"，结果这成了一条"铁律"，以后即便狭路相逢，两人也会很有默契地互相看不见。

这一天，我进了电梯后，忽闻脚步声，赶紧按住开关等人。

"Thanks！"袖珍人进入电梯后对我说，接着转身背对我。

正常的情况下，我和她应该不会再有交集。也就是说，两人又会重回到"互当对方是空气"的状态中，然而就是这么神奇，只因我多看了她一眼（她的手里拿着一个外卖盒，显然，她外出是为了拿外卖），事情竟然往反方向发展。

"这是妳的午餐吗？"我问。

"是的。"她转头对我说，同时带着微笑。

我拿出手机一看，时间显示下午两点多。

"妳都这么晚吃午饭吗？"我又问。

"没有，今天比较特殊，因为工作量大，耽误了吃饭。"

我也注意到她是有工作的，经常见她步行或打摩的上班。她口中所谓的工作量大，我猜是工作日没完成任务，导致周末还得在家加班。

此时，电梯门开了，我祝她用餐愉快，她也祝我有个美好的一天。

这次的交流算是为两人的关系破冰，以后凡是见着面，我们都会互相打招呼，而我也从一次次的接触当中，感受到这是一位性格开朗且不卑不亢的俄罗斯姑娘，虽然外形有明显的缺陷，但她每天都会精心打扮，连衣服也看得出经过巧心的搭配。

老实说，如果这样的"残疾"落在我身上，我恐怕要日日怨天尤人，甚至萌生自杀的念头，遑论打起精神过日子。

记得很久以前，我曾读过一篇文章，说的是西方的某个古老国家允许残疾人（包括侏儒）自杀。当时的我吃了好几惊，心想这未免也太先进了吧？！然而当我写下这一篇，从而必须上网查资料时，却得到截然不同的答案——侏儒因为稀有，在古代经常被当作礼物赠与国王和王后，这形成了攀比现象（各国常以拥有侏儒侍从的多寡来评价国家的盛衰）。

如果这是实情，那么"允许侏儒自杀"的真实性就存疑了。

话说西方有一幅名画《宫娥》，画面右下角的小矮人就是侏儒，可见"宫廷里有侏儒"乃实际发生。正因有此实例，我继续深扒，结果发现宫廷"蓄养"侏儒的历史非常悠久，在国外最早可以追溯到古埃及、古希腊、古罗马，在中国则可追溯到商代。这些侏儒多为宫廷玩物，譬如从事歌舞杂技或戏谑逗笑的表演。

如果只是逗人开心，侏儒也算是找到了谋生之路，比较不人道的是西方历史上的某些时期（好比古罗马时代）为了拥有更多的侏儒，竟然施行人造侏儒，也就是通过束缚身体、开眼角（让眼睛变大）、将关节脱臼等手段，硬生生把正常人变成侏儒。无独有偶，这样悲惨的事也在我国发生过，譬如隋炀帝就曾要求道州每年进贡侏儒，导致某些官员为了加官进爵，故意把健康的儿童放进陶罐中，人为制造出畸形侏儒来。

在史书的记载中，侏儒也不一定总是低人一等，高光时刻出现在古埃及的某个时期，当时的人认为侏儒的先天缺陷是奇迹，所以把侏儒看作能与神灵联系的人，社会地位也随之提高。据考证，古埃及的两位神祇贝斯（Bes）和贝塞特（Besette）皆为侏儒。

随着时代的进步，如今的侏儒被唤作袖珍人（侏儒多少带着歧视，不若袖珍人"可爱"）。记得居住在新西兰时，我就曾多次见到一名袖珍人妈妈带着女儿购物，她的女儿也是袖珍人，而我和老公也因此有过以下对话：

"我认为袖珍人不应该有后代，自己受的苦何必传给下一代？"我说。

"袖珍人也有权利享受天伦之乐，别人的偏见是别人的事。"老公答。

"那有没有问过孩子的意见？我若是那孩子，宁愿不出生。"

"照妳的说法，穷人之家、战乱国、父母自带不良基因……等，皆能成为不出生的理由。"

如今回想起来，老公的言论倒是让我有了反思——也许袖珍人的悲哀是因为多数人觉得他们很悲哀，然而比起这个显而易见的坎（身材矮小），他人的坎未必更少或更易克服。再讲得直白点儿，这是五十步笑百步。

虽然我承认每个人都有苦难，但"袖珍人不应该有后代"的想法却始终没有变过。其实不止袖珍人，智障或极度贫困的家庭，我也认为不该生孩子。

这听起来似乎有点儿冷血，甚至带着残酷，但背后其实是理智且慈悲的，还是那句老话——己所不欲，勿施于人。

3、榴梿的故事

台湾向来有水果王国的美称（好吧！我承认泰国是水果王国，但谁规定水果王国只能有一个？），然而三十年前的台湾水果市场，榴梿的身影仍不多见，即使有，进口水果相对价昂，非一般人能承受得起（意思是我没吃过）。

第一次听说榴梿的美味，还是从同事那里得知，她说她老公费尽千辛万苦给她搞来一颗，她舍不得吃，每次只吃一点点儿，因为吃完又要等很久。

"榴梿是什么味？"我问同事。

"很难形容耶！有时候是酒香味，又有时候是奶香，甚至苦味也遇到过。"

啥？这是什么神仙水果？简直比天气还变幻莫测！而且全程听下来，同事都没提到最关键的一件事——气味。

"榴梿臭不臭？"我接着问。

"不臭不臭，"同事笑咪咪地答，"香得很！"

这下子我陷入五里云雾之中，因为坊间传言这种水果臭气熏天，跟捂了好多天的脚丫子有一拼，连公共交通工具都不让上，怎么到了同事这里却成了香味扑鼻？

是的，当时的我只听过榴梿的传说，连影子都未曾见过，只知它呈球形，有绿色外皮。

二十年后，我和朋友约着去清迈玩，在市场里，朋友指着"形似"榴梿的水果问摊贩："我能买20泰铢吗？"

摊贩点点头，取出一把长刀将"榴梿"对半切开，抹去白色粘液后，再切掉白芯，接着把一个个去核的果肉放进塑料袋内。

"吃！"朋友对我说。

想到榴梿的特殊性（很多地方不允许带

入），还是放进五脏庙为妥，于是我拿起一个试吃。

该怎么形容第一次接触的感觉？它有点儿干，吃起来脆脆的，甜度不高，口感像软掉的苹果或半干的橘子。

"原来这就是榴梿，颜色比我想象的深，也没什么臭味。"我说。

"这不是榴梿，"朋友睁大眼睛，"是菠萝蜜啊！"

"什么是菠萝蜜？"

话一说出口，我就后悔，方才看到的（酷似榴梿的东西）不正是菠萝蜜？

大概瞧出我的尴尬，朋友主动为我拿来梯子（好下台阶），说："妳应该是把菠萝蜜和榴梿蜜给搞混了，榴梿蜜的果肉有榴梿的气味。"

我滴老天！怎么又跑出一个榴梿蜜？泰国到底还有多少种我未知的水果？

由于闹了笑话，我决定无论如何都得在清迈吃到榴梿。朋友也很豪爽，她答择日不如撞日，就今天吧！

我记得很清楚，那天是水灯节，通往塔佩门的路上有很多卖天灯（纸糊的，原理如同热气球)和卖水灯（由香蕉树干制成的圆形木筏，上面饰以鲜花、蜡烛和棒香）的小摊，夹杂其间的就有我心心念念的榴梿摊。

"这是妳第一次吃榴梿，所以要挑好的。"朋友说。

我不知道如何判断榴梿的好坏，但价格昂贵是知道的，当时一颗椰子只需30泰铢，而一盘榴梿（两房肉）却要价4、5百泰铢，简直贵得无法无天！

（注：榴梿会因季节、品种和重量的不同而有价格上的差异，所以很难从卖价上来判断是否被宰。）

我还在心疼钱，并且在"放弃"与"不放弃"之间来回跳跃，结果朋友的动作比我的决定还快，她笃定地指向最贵的那一盘……

见大势已定，我也只能"含泪"吞下。

"好吃吗？"朋友问我。

实话说，像在啃一块微甜的奶油，气味倒没想象中难闻。

"还行吧！"我答，"不过下一次应该不会再买了。"

没料到食用榴梿的后遗症很快便显现出来，那就是太容易饱腹了，导致我整晚挺着大肚子，难受死了！

因为第一次尝试没从我这里得到好评，我以为榴梿从此会在我的生命中消失，然而一段短视频的出现，却又让榴梿起死回生——屏幕中的泰女因男友把冰箱里的榴梿全吃光，哭得泪眼婆娑。

"不会吧？！就这破玩意儿，还值得掉眼泪？"我心想。

后来命运又安排了第二段短视频——我关注的博主上泰国游玩，归国时，他抓紧时间在机场的商店里购买榴梿干，一买就是十几包，还对着镜头说："若不是航空公司不允许榴梿上飞机，我肯定带几颗回国。"

我不免心生疑问——明明不咋地，为何如此受欢迎？莫非我吃到的是假榴梿？

怀疑的种子一旦种下，生根发芽是分分钟的事。鉴于当时国内的榴梿比泰国贵上好几倍，我决定从衍生产品入手，好比榴梿蛋糕、榴梿蛋塔、榴梿冰淇淋、榴梿麻薯、榴梿面包、榴梿饼干、榴梿咖啡……等。

"妳不是不喜欢吃榴梿？为什么还买那么多榴梿口味的东西？"老公不解地问。

"我以为试了那么多，总有一样对口，可惜都不好吃。"我诚实回答。

这件事就这么搁了下来，直到我们到泰国养老，而我又在水果市场里频繁见到它的身影。

"你说我买一房榴梿回家试试怎么样？"我小心地问老公。

"在这里吃可以，带回家就别想了，除非妳想把家里搞臭。"他答。

这倒是个问题！

为了一解榴梿的臭味到底需要多久时间才会消除，我特地上网询问有此经验的博主，得到的答复是——如果开窗，几个小时就没味道了，不需要使用特殊的化学药剂。

得到"免死金牌"后，老公又有话说——物业不让榴梿进大楼，违者罚款。

我倒不认为物业会管那么宽，但业主委员会就不好说了，那些洋人可受不了任何"奇怪"的味道。

就这样，此事又搁了下来，直到有天与老公吵架，尚未解气的我决定干件大事来恶心他，思来想去，还有什么比榴梿更加令他恶心？

不讳言地说，当我第一次携带榴梿回家，心情真是跌宕起伏，既怕被罚款，又怕屋子里从此有去不掉的榴梿味，然而过了那道坎之后，恐惧就不再是恐惧，与此同时，也应验了我之前的怀疑——榴梿与我相克，我就是爱不上它。

事情到这里已经明摆着，可是几个星期后，我又买了榴梿，并且不是一房，而是一整颗。

"妳不是说榴梿尝起来很苦，怎么又买？"老公边说边气得七窍生烟，因为他最受不了榴梿的味道。

"以前我都是单买，"我答，"很可能商家把次级品都分散来卖，如果真是那样，买一整颗可能就不同了。"

事实证明我买到的依旧发苦，白花了"好多"钱（那颗榴梿花了我七百多泰铢，是"散装"的三、四倍）。

正常人的思路是既然已经试错那么多回，应该及时止损才对，但我不知哪根筋不对，偏偏要去挑战那万分之一的可能性，理由是——每颗榴梿的味道都不尽相同，肯定有适合我的那一个，只是我还没发现而已。

也许"天道酬勤"，在我又试了N次后，终于找到自己的心头好——不能挑硬的，要挑有点儿软又不能太软，且品相完好，没有一点儿过熟（湿）的痕迹。

然而自从知道如何挑选适合自己口味的榴梿后，我忽然没了吃它的动力，仿佛之前的尝试不过是一场角力，既然获胜了，已经无憾，加上性价比太差（一房榴梿的价格可以买两大袋的芒果），我决定收手，不再折腾。

"怎么最近都不见妳买榴梿？"老公问。

我告诉他自己觉悟到的真理——任何一件事只要放开来做，总会有厌烦的一天，就像我对榴梿的态度一样。同理可证，他应该把所有的钱都交给我，让我随便买买买，等我买累了，就算他把钱强塞给我，我也懒得花。

"嘿嘿嘿……"老公坏坏地笑，"我才不上当。"

真是天地良心，明明掏心掏肺地吐真言，怎么就成了设陷小人？看倌们，你们评评理啊！

4、泰国的脱鞋文化

记得小学四年级时,我们的级任老师(大陆称为班主任)换成了赵老师,她是全校唯一一个立下"脱鞋进教室"规定的人。老实说,在那样拥挤的环境中(一个班级约有50~60名学生,从教室头坐到教室尾),还能来上这么一出,真是人才!

在我看来,"脱鞋进教室"是得不偿失的事,因为教室地板虽然干净很多,但脱下来的鞋子就摆在桌子底下,那气味跟臭弹有一拼,还有,下课时间只有短短10分钟,进出教室还得一脱一穿,老师又经常说得兴起,耽误了部分下课时间。换言之,下课除了上厕所外,没空干别的,惹得学生们怨声四起。

我提这个，倒不是说台湾没有脱鞋文化，事实上，多数的台湾家庭（不管过去或现在）进门都有脱鞋的习惯，但家里和公共场所毕竟不一样，如果连公共场所都得脱鞋，那可真是个麻烦事，不仅费时费力，还得忍受脚底异味，甚至有感染足疾的风险。

来泰之后，我发现这里的脱鞋文化比台湾还盛行，好比进寺庙要脱、进教室要脱、进杂货铺要脱、进公共厕所要脱、上竹席要脱等（后四项因地制宜，大部分发生在小城镇，非普遍现象），而且感染足疾的风险更高，因为泰国四季如夏，鲜少有人穿袜子，等于光脚踩在地上。

回到我居住的芭提雅，这个城市说大不大，但也绝非小城镇能比拟，可是我还是发现了除了寺庙之外的脱鞋规定，譬如……

"我不进去。"老公一见到需要脱鞋的牌子，立即表明态度。

"可是家里的狗需要驱虫药。"我说。

"那妳进去，反正我不进去。"

老公之所以反感脱鞋，乃因没穿袜，怕光脚会染上足疾。

我也没穿袜，但懒得重跑一趟，只能硬着头皮进去，哪知"小时候的味道"扑鼻而来，那滋味真是无比酸爽！

有了上述"不愉快"的经历，以后只要见到"Please take off your shoes."的牌子，我们都会选择过门不入。

几天前，我遛狗经过二巷的民宿公寓，赫然发现楼底下的自助洗衣店新贴上一张"温馨提示"。

"有没有搞错？"我心想，"连洗个衣服也得脱鞋，老板的脑子是不是秀逗了？"

（注："秀逗"是网络词汇，从英语"short"而来，有"一时犯傻，脑子转不过来"的意思。）

我之所以发出如此感慨，乃因会利用自助洗衣店者多为游客，而以居住在芭提雅山上的"非泰"游客属性（多数为白人），新规一出，怕是把潜在客户都拒之门外吧？！因为十个白人中，大概有八个会害怕感染足底疾病，因为他们的白皮肤中看不中用，不仅抵挡不了炙阳，还容易出现各种皮肤问题。

回家后，我立即说嘴，包括洗衣店新规和自己对白皮肤的看法。老公听完，承认还是黄皮肤和黑皮肤有用。

"你总算给出实在的评价。"我说。

"不过高贵的东西向来都是没用的。"他又加上一句。

我很想反驳，但发现反驳不了，因为生活中的诸多例子都证明了"高贵的东西向来都是没用的"这句话，好比珠宝、华服、名牌包等。

（注：这些东西的隐性作用肯定有，但实际作用却配不上它的"高贵"。）

老公看我"无言以对"，嘿嘿嘿地笑，那样子仿佛在说——我赢了！

我暗自吃下这个哑巴亏，同时想着："当年越王勾践卧薪尝胆时，应该是想过杀死吴王夫差的一千种方法吧？！"

5、断层式衰老和其他

村上春树曾说——人不是慢慢变老的，而是一瞬间变老的。

针对以上这段话，小说家当然有小说家的解读，但医学研究上的确支持"断崖式衰老"的理论，譬如美国斯坦福大学老年痴呆研究中心就曾对4000多名18到90多岁年龄阶段的受试者做测试，发现衰老呈现"波浪形"趋势，即处于特定年龄阶段的人会加速衰老，随后又会趋于平稳，而这三个加速衰老的时间点分别为35岁、60岁和78岁。

我不记得自己在35岁时是否曾"一夜衰老"，但56岁（目前的岁数）时的确曾有过，虽然在这之前就已经有白头发、鱼尾纹、老人斑、视线模糊、记忆力减退、频尿等现象，但都不若"那个"瞬间来得震撼，因为镜中的我眼袋非常明显（像把一个小漏斗对半切开，然后分别置于双眼下方），同时出现的还包括木偶纹。

（注：木偶纹的名字来自腹语木偶，它的两边嘴角往下各裂开一道口子，方便做出嘴巴上下开合的动作，这两道裂痕便是俗称的木偶纹。）

我明明记得前一天的眼袋还一切正常，嘴角至下巴也没有任何纹路，怎么一觉醒来就大变天，让我瞬间成了一名"名副其实"的老妇？

这件事在我心中烙下印记，以致几日过后，当我路过一家医疗美容机构（据说泰国的医美水平相当高，是世界上医美旅游人数最多的国家）时，忽然有了奇思异想。

"我去做个拉皮可好？"我问老公。

"为什么要拉皮？"他反问。

"你看！"我将自己浮肿的眼袋往太阳穴的方向拉，"这样是不是好多了？"

"别瞎折腾了！妳又不靠脸吃饭，再说，拉过皮的人看起来都很怪异。"

我同意拉过皮的人看起来怪异，事实上，做过医美的人多多少少都看得出痕迹，我的想法是——丑人虽丑，但看起来自然；人工美人美则美矣，但美得不自然。

回到刚刚自己的"心血来潮"，其实我也就这么一说，真要让我去拉皮，我还兴趣缺缺呢！起因是十年前的一次错误尝试，让我看到这个行业的"深不可测"。

话说我左脸颊的晒斑已存在多年，我亲眼目睹它从一颗绿豆大小长成鹌鹑蛋，以致化妆时，我总要在上面涂抹厚厚的遮瑕膏。怕势态进一步恶化下去，我遂有了激光去除的想法，而付诸行动的临门一脚是意外得知治疗费只要1200元人民币，还是北京的三甲医院做的，不是路边的美容店。

当时的我是这么说服自己的——与其买遮瑕产品，倒不如花同样的钱达到一劳永逸的效果。

事实证明我是too young，too simple（过度天真）。

记得当时的1对1咨询师是一名约五十多岁的大妈（其他的咨询师也差不多这个

岁数），颜值挺令人捉急，但她却有一张光白水润的脸。

"1200块只能做一次，"她说，"我建议妳做一个疗程，也就是五次，可以保证不复发。"

"妳的意思是晒斑去除后还会复发？"我惊讶问道。

"只能说有这个可能性，所以才要做五次。"

听到1200元忽然暴涨到五千多元（打了折扣），我的热情瞬间熄灭了。

看我萌生退意，大妈赶紧改弦易辙，表示做一次也行，于是我又坐了下来。

"即时护肤霜一支800元，好一点儿的，一千多，最好的是进口货，三千多。"她说。

"怎么还要护肤霜？"我问。

"是即时护肤霜，因为刚做完激光，脸部很脆弱，所以要涂抹护肤产品。"

我想想也对，只是这个"即时"护肤霜未免也太贵了吧？

此时的大妈大概也意识到我是那种"花钱

小心"的人，所以鼓吹我接受800元的那一支。

我又想了想，"大钱"都花了，还在乎"小钱"？于是要了800元的那一支。

付完钱，接下来便是卸妆、进诊疗室，由于大妈保证只会有"一点点儿"的痛感，所以此刻的我相当平和、冷静，哪知才一会儿工夫，我便疼得直掉眼泪。

"疼吗？"医生问。

（注：事实上我不清楚她是医生、护士或者其他身份的人，姑且就叫她医生吧！）

"很疼。"我答。

"妳忍忍哈！"

等"万针刺脸"的酷刑结束后，医生对我说："我开了几支护肤霜，妳拿着单子去缴费。"

我告诉她——我买了，钱也付了。

结果她回复——妳买的是待会儿就得用上的，我开的是回家涂抹的。

这时我才明白大妈为什么要强调"即时"二字，因为后面还有一个"不即时"的，这挣钱的套路可真是一个接一个啊！

后来我被带到一个小房间,坐等那800元一支的即时护肤霜干透。与此同时,我也注意到屋内坐得满满当当的,每个人看起来都很一般,不仅长相普通,也没有一点儿富人相,不过若以此来判断穷富,好像又成了"too young, too simple",因为对话显示她们对微整形(非手术类整形)了如指掌,什么肉毒素、瘦脸、自体脂肪移植填充、面部微吸脂、激光治疗、玻尿酸隆鼻、埋线双眼皮等等,那是如数家珍,意思是即使这些做"皮肤管理"的人不是大富,大概率也是小富,否则怎能负担得起那一个个的无底洞?

一个多小时过去后,我感觉脸上的护肤霜应该已经干透了,正准备打道回府时,揽镜一照,吓得我马上找咨询师质问。

"打完激光,脸上当然全是小黑点。"大妈指着自己的脸,"过几天就会像这样。"

想到自己也即将拥有一张"完美无瑕"的脸皮,瞬间便收起"挥舞在半空中的剑",半信半疑地离开医院。

大约一个星期后,我果然从丑小鸭蜕变为天鹅,迎来此生的高光时刻,不仅皮肤白里透亮，斑点也集体消失（当然包括那个鹌鹑蛋大小的晒斑），然而这个"鼎盛时期"并没有维持很久，很快，我的白皮肤便逐渐暗淡下去，大大小小的斑点又一一冒出来，当然包括那个可恨的晒斑，而更恐怖的是它已经从小号鹌鹑蛋长成了中号，并且有向大号发展的趋势。

如果我是"爱美不怕流鼻水"的那类人，肯定会冲进医院追加治疗，可惜我爱钱胜过爱美，既然没达到效果（甚至更差），立即止损才是上上策。

十年过去后，我已把当年做过的蠢事忘得七七八八，要不是某天老公忽然问起，我还不知道此事还有个后续。

"妳的晒斑怎么不见了？"他问。

闻言，我立即冲进浴室，镜中人的脸上虽然依然有许多小斑点，但那个中号（趋大号）鹌鹑蛋的晒斑的确不翼而飞。

"真不见了？"我边抚摸脸颊边感觉不可思议，"怎么会不见了呢？"

这个疑问直到今日依然是个未解之谜，如果将之归功于当年的激光治疗，未免牵强，因为时间跨度长达十年。我的猜测（没有医学上的依据）是年老带来的内分泌紊乱，导致"灵异"现象产生。

Anyway，"当年的晒斑不见了"是好事，但也只是生活中的调味品（我的惊讶甚至大过惊喜），没几分钟便被我抛之脑后，今日若不是为了写文，大概依然被收押在记忆的"小黑屋"里，像其他林林总总的琐事一样。说到底，还得感谢我的"神来之笔"，一笑！

6、不是不报，时机未到

今晨，我下楼遛狗，刚要去按底楼的门禁开关时，一名约六岁的俄罗斯小女孩带着她那蹒跚学步的妹妹走了过来。

"Good morning."我说。

"Good morning."小女孩答。

"妈妈呢？"我问。

"她在楼上房间里。"

我把伸出去的手放下，这该怎么整？

"妳确定妳妈妈让妳带妹妹出去？"我又问。

"妈妈让我们到外面等她。"

由于多次见这名小女孩独自提着空桶去买水，想着这或许是俄罗斯父母的教育方式，于是我开了底楼大门。

（注：泰国的公寓楼附近经常可见投币式自助饮水机，售价1泰铢1升。）

待我丢完垃圾，赫然发现"姐姐"站在广场的喷泉前，"妹妹"则站在摩托车的停车区域，往后退一步便是巷道。

话说我住的这栋楼位于U型巷中，平常往来的车辆不多（清晨更少），但也难保不会有粗心的驾驶员没看到这个身高不及一米的"小不点儿"。

"看好妳妹妹啊！"我忧心忡忡地对小女孩说。

听到我的叮嘱，小女孩走过去拉她妹妹，但六岁的孩子哪管得了两岁的孩子？很快两人又各分东西。

我顿时陷入两难，人家父母就是要散养，我一个外人也不好管太宽，但让我眼睁睁看着两个不谙世事的孩子独自在外，还真是不放心。

于是我站在远处观望，心想若有突发状况便及时伸出援手，还好几分钟后，孩子的母亲出现了。

说起这个女人，任何时候看到她都是非常疲惫的样子（也难怪，同时要照看两个幼龄孩子，任谁都会筋疲力尽），所以一开始我就认定这是个因俄乌战争而暂时"被单亲"的家庭，毕竟男人得卫国，把妻儿留在相对安全的芭提雅，理论上说得通，直至某天我看到他们一家四口同时出现，三观顿时碎了一地，因为我不止一次见到这个女人骑摩托车载着两个孩子出门（大女儿坐在后座，小女儿则背在胸前），如果男主人在，这不该是他的工作吗？再不济，也能把小女儿留在家里给男人照料呀！

有句话"男主外，女主内"，通常主内的那个会被认为捡了个大便宜（只需干点儿家务活，再美不过），实际上却非如此，因为人除了饱腹之外，还需要充实感与成就感，也许有人能从照顾家人中得到满足，但多数妇女还得从"对社会的贡献中"汲取，何况"可见的收入"是安全感的重要来源，而这些感觉的缺失，男人多半不能理解，这才是家庭主妇们的悲哀！

回到上述那对俄罗斯夫妇，妻子肉眼可见地"主内"了（丈夫有没有"主外"尚不明确），以她总是面露愁容的状态，我可以断定她过得不好，而一个家庭的女主人过得不好代表这个家庭摇摇欲坠，跟埋下地雷无异。

几个月前，我和儿子远洋通话，聊着聊着，我告诉他——将来结婚，即使自己日进斗金，也别让媳妇儿当家庭主妇（可全职在家照顾幼龄孩子直至上学），她应该有份"有收入"的工作，心情才会舒畅，心情一舒畅，老公和孩子才有好日子过，还有还有，再怎么忙，对老婆的关心还是要到位，因为当你年老时，守在身边的人大概率只有你老婆，她待你好不好，只有你心里清楚，旁人很难窥知真相……

通话完毕，老公立马抱怨："妳怎么把对我说的话，重复说给儿子听？"

"这是为他好，省得他晚年遭报复！"我答。

话说当年我和老公结婚时，那真是天真无邪的小白兔一只，相较于我满脑子罗曼蒂克的想法，老公明显腹黑，他步步为营，好实现独裁的目的，譬如我请了好几个阿姨，他皆不满意，白天我要上班，回家又得干家务和照顾婴儿，一根蜡烛两头烧，没多久只能辞职，而为了让我不重返工作岗位，老公后来举家移民新西兰，如此一来，我便彻底成了他的附庸，只能仰他鼻息。

这种"不对等"的夫妻关系一过就是二十多年，某天，一向听话的我终于爆发，把厨房里的大大小小餐具全拿来当飞镖射，老公为了闪躲，额头还磕了个大包。

"疯子！"老公捂着额头，怒气冲冲，"妳知道我可以告妳伤害吗？"

"赶紧去告！最好让我蹲大牢。"我答。

后来我"当然"没蹲大牢，反观老公，他"乖"了许多，不过也只是维持了几天而已。

我一琢磨，与其"治标不治本"，还得找个斩草除根的法子才行。思来想去，我最终采取几年前就已经在脑海里酝酿好的"计划"（之所以耽搁了这么久，乃因这是个下下策，可气的是偏偏有些人就得用下下策来治）。

"你认为我俩谁会先老去？"某天夜里，我逮到机会问老公。

"我比妳大五岁，当然是我先老。"他答。

"那么当你很老、很老的时候，极可能

不良于行，甚至长期躺在床上，连大小便都无法自理，对吗？"

老公想了想，承认是有这个可能性，于是我乘胜追击，问他这时候是谁帮他推轮椅？又是谁帮他清洗污秽的身体？

"当然是妳啊！"他毫不犹豫地答。

"那你还不对我好一点儿？"

"我哪里对妳不好了？别整天胡思乱想的！"

这次的对话不过是牛刀小试，真正的大戏还在后头，以后凡遇老公让我不顺心，我便一次次加料，皆与老态龙钟时的他有关，好比将他锁在家里，自己跑出去玩，或者不给饭吃、不给电视看、不给茶水喝（英国佬一天总要喝上好几杯热奶茶，否则世界是黑白的）等。

"妳也不想想也许妳先比我不良于行。"老公反击。

"是有这个可能性，你不妨赌一下，但凡我赢了，绝对送你'生不如死'的豪华大餐享用。"我答。

"妳敢？"他怒目，"我会告诉儿子。"

"谢啦！这提醒我得没收你的手机。"

"别得意，我总有办法治妳。"

"怎么治？房门一关，我待你好不好，别人是不会知道的，纵使有怀疑，我忽悠两下又不是什么难事。拜托！你还真以为行动不便的老人很容易求救？"

老公不是笨蛋，经我这么一分析，他也清楚这是事实，所以肉眼可见地改变对我的态度。当然，冰冻三尺非一日之寒，想解冻也非一朝一夕，这期间大概又经过三、四年，我才终于拿回绝对的发言权和该有的尊重。

看倌们也许会以为我"胜之不武"（毕竟是通过威胁恐吓得到的），但与最终走向离婚或者更极端的下场比，无疑好太多，何况我只是拿回原本就属于我的东西。老实说，我一点儿也没有负罪感，甚至带着自豪，因为我终于成功终止了自己的不幸，同时也让日后极可能发生的"报复行动"胎死腹中。

"报复行动"可不是随便说说而已，我们的隔邻日本在二十世纪末就发生过多起老太太虐待另一半的事件（更早以前也许也曾发生过，只是没被揭发而已），起因乃过去的日本男尊女卑，把老婆当畜生对待者比比皆是，当施暴者年老体衰时，终于一尝被反噬的滋味，而被捕的老太太们则一身正气，有种"替天行道"那味儿。

因为曾在夫妻关系上吃过亏，现在的我特别看不惯沙猪男（奉行"男性至上"主义者），而为了写这篇，我特地上网查"女性主义"，得到以下释义——所谓的女性主义又称为女权主义，这是一套庞大的平权理论，也是一系列社会运动的总称，最终目的是建立一个性别平等的友善社会……

如果让男性来评论女性主义，估计没好话，但我有不同的见解——男性不仅不该诋毁女性主义，反而应该大力支持，因为哪里受压，哪里就有反抗，除非能保证自己永远绝对强势，否则报应终究会落在自己头上。

"妳又在写什么？"老公见我坐在餐桌前良久，遂问。

"写你怎么欺负我。"我答。

"什么时候我欺负妳了？妳说想吃蘑菇，我不是买了吗？"

前天我说想吃蘑菇，结果昨天上超市时，他默默走到蔬菜区给我取来……

"好啦!我会备注你现在已改邪归正了。"我说。

"我什么时候邪了?一直都是正的好吗?"

亲爱的姐妹们,如果您也想要拥有同款(已痛改前非)的老公,请参考我的教程,拿走不谢!

7、DREAM LOVER

疫情期间，拿工作签证的老外（老公）也无法返回中国，我只好一个人只身回上海，因为家里的狗已经待在宠物店的笼子里长达一年，再不回去解救就太不人道了。

就在分隔两地（芭提雅与上海）期间，某天，老公告诉我隔壁的二居正在销售，价格非常便宜。

"再便宜也没用，钱在你的卡里，要汇款只能本人上中国的银行柜台汇。"我答。

于是我们眼睁睁地看着便宜的房子被买走，再眼睁睁地看着那房的房价蹭蹭蹭地往上走（现在若想买，估计得付双倍的价钱），锥心之痛也不过尔尔。

赴泰养老后，我们偶尔会与当年的"竞争对手"打上照面，他们是"洋老头+中年泰女"的组合，洋老头胖胖的（一时分辨不出是哪国人），中年泰女则是干练型，能说一口流利的英语。

平静的日子过了好几个月，某天，隔壁传来重重的敲门声，由于屋主坚决不开门，敲门声持续了很长一段时间，大概害怕被邻居投诉，门最终还是开了，但情况并没有转佳，反而换来一顿好吵。

（注：开门的洋老头声音很小，几乎听不见，显得大嗓门泰女像是加害方。）

这样的争吵前后发生过3次，非常的不寻常，因为泰国人很少吵架（尤其上升到歇斯底里的程度），可见相当诡谲。

今晨，我在家门外为家犬进行出门仪式（喷洒除虫剂），没料到隔壁邻居正好开门。

"Good morning."男主人说。

我还没来得及反应，另一个陌生的女声响起："Good morning."

于是我连说两声"Good morning",算是一人给一个。

后来"三人一狗"同时来到电梯口,我很识趣地边拉狗子边解释:"我到另一端搭另一部电梯。"

之所以不与邻居进同一部电梯,表面原因是不愿狗子在密闭的电梯里给他人制造麻烦,实际原因则是那名老外换了新女友,我还不太能面对"物事人非"(以前曾与该男子及其"前"女友在电梯里相遇,彼此还寒暄了一下),所以找个借口离开。

到了楼下,想当然尔,我只能看到那两人的侧影与背影,竟意外发现这个男人的新旧女友皆具备"中等身材、短发、肌肉结实、沉稳干练"等特点。

这个发现一下子把我拉回到大学时期,当时我就读的甲班同时拥有全校最美的女生和最帅的男生,校花我已在《我的泰国养老生活 I》一书里提及,现在就来谈谈校草。

我们的这位校草身高一米八,体型属于跑步运动员级别,五官立体,有点儿第一代超人(克里斯托弗·里夫)的影子。在那个大学生大多以自行车代步的年代里，这位当过兵才来读大学的校草却已经开上四轮并且在校外租房住，可见经济实力雄厚。

（注：当时我校提供免费住宿。）

一开始，我们还曾有"校花配校草"的心理期待，但时日一久，发现那两人好像不来电，加上校花曾信誓旦旦地表示自己上大学不是为了谈恋爱，所以期待的小火苗很快便被熄灭了。也难怪那两人忽然在大二下学期天雷勾动地火，除了诧异外，我们还有种被欺骗的感觉，不过这种不适感也只维持了一个学期（校花单方面提出分手），连锁反应便是让乙班的小敏有了上位的机会。

说起小敏，她属于人群中的中位数（谈不上漂亮，但也不算丑；虽没什么才华，但各方面都表现平稳）。若要谈明显的缺点，大概是身高矮了点儿，只有一米五几，所以偶尔能听到她自嘲："我得找个身高一米八的男人来改善后代基因。"

显然，校草是个非常合适的人选，不仅身高，连颜值也一并改善了。

兴许是失恋（而且还是被抛弃的一方），我们的校草接受了小敏，而小敏也释放最大的诚意，譬如帮校草打扫卫生、洗衣服和遛他养的拉布拉多犬等。别看做的只是家务活，每天往返（小敏住校，而校草住在校外，那个年代不流行同居）也很累人，可是恋爱中的女人哪管得了这个，依旧乐此不疲。

这对"高矮配"的恋情持续了一年半，最后还是以校草移情别恋告吹，据说这个新欢是他校的，跟我们的校花是同一款，皆属于古典美人型。

我曾想是不是每个人的脑海里很早就设置了"梦中情人"的形象（譬如有人对长发痴迷，又有人执着于大长腿等）？拿我本人举例，我对"有男子气概"的男人特别有好感，再讲得具体点儿，大概就是"霸道总裁型"。也就是说，我的内心深处极度想成为"王的女人"，不过自从被"大男人主义"深深伤害过，我现在只想成为自己的主人，对"后位"不再抱有任何幻想，那么我那位当年百里挑一的"国王"又是怎么想的？

"你的梦中情人是谁？"我问老公。

"B杜。"他答。

"别开玩笑，是不是菲比·凯丝？"

菲比·凯丝是美国女演员，以甜美可爱的形象走红，交朋友那会儿，老公曾对我说他喜欢菲比·凯丝。

"不，是B杜。"

自从被我"教育"后，老公改变了不少，不过我可不想听假话。

"我是认真的，快告诉我答案！"

"我才不上当！"他嘿嘿嘿地笑，"这是个陷阱，我怎么说都不对，所以除了'B杜'这个安全答案外，妳得不到其他。"

这只狡猾刁钻的老狐狸！我就知道他还想着他的菲比·凯丝（当然是年轻版的）。话说回来，我不也还为当年的梦中情人保留一席之地，好提醒自己曾有过一段带着忧郁色彩的青葱岁月，那么的空灵，也那么的刻骨铭心……

8、鸡同鸭讲

今晨,我远远看到一个绑马尾的男人牵着一条狗,目测那个距离,双方不可能有交集,哪知我家狗子忽然掉头且大步流星,迫使我不得不与陌生人打上照面,于是"制式"寒暄又开始了,我也因此得知此人来自俄罗斯,他的狗是蝴蝶犬,公的,3岁,名字叫Biggie。

"你的英语说得很好啊!"我赞美。

"No.No."他笑得很腼腆。

如果不是曾与"连基本英语都不会"的俄罗斯人打过交道,估计我的偏见(但凡白种人,英语都说得不错)还会继续,也就不会觉得眼前人的英语有多好了。

由于马尾男并不排斥聊天，几番来回后，我丢出埋藏在心里多时的疑问。

"你拿的是什么签证？"我问。

"一开始是旅游签，后来换成学生签。"

"学生签？学的什么？"

于是他告诉我学的是英语，一周四次，每次两小时，学费是30,000泰铢/年。

"一班有几名学生？"我继续问。

"十个。"

"都来自哪些国家？"

"俄罗斯。"

"全部都是俄罗斯人？"

"是的，连老师也是。"

这下子我恍然大悟，原来这就是为数众多的俄罗斯人能长期居住在芭提雅的原因。

"你打算待在这里多久？"我接着问。

"不确定。"

"直到战争结束吗？"

这次他答非所问,也不知是真听不懂,还是听懂了,但故意顾左右而言他。

看说的差不多了,我们彼此互祝对方有个愉快的一天,接着各奔东西。

走了约莫一百米,我和狗子迎上一名泰国男子,他对我说了一串泰语,显然把我当作自己人。

"萨瓦滴卡。"我答。

(注:我以为对方跟我"话家常",于是友善答"你好"。)

那人愣了一下,接着说了更长的一串。

" Sorry, I don't speak Thai language."

我以为自己都飙英语了,对方应该会知难而退,哪晓得他继续追问,只是这次他边说边指着我家的狗,末了还伸出两根手指头。

老实说,我真没想到会遇到这么固执的人,于是伸出一根手指头。

那男人见状,终于放弃,离开时还碎碎念,似乎不相信我一句泰语也听不懂。

"妳为什么伸出一根手指头?"老公听完我的叙述后问。

"我以为他问我是不是有两只狗？我回答一只。"

"也许他问的是妳的狗两岁吗？"

"即使那样，我回复一岁也算回答了问题，为什么他还是给我问号脸？"

老公沉默一会儿后，问我难道不该去学点儿泰语，省得泰国人老以为我"假装"是外国人？

这个问话让我想起今天稍早前遇到的那位俄罗斯人，既然芭提雅有英语班可上，泰语班肯定不缺，何况学费也不贵（泰语老师比英语老师好找，依据这个逻辑，泰语班的学费应该顶多与英语班同价或者更便宜些），那么我该不该报名呢？

让我好好想一想。

9、防不胜防

昨天,我和老公到芭提雅南部的海边一游。去之前,我已声明不想去游客扎堆的地方,结果兜兜转转后,一个某某Beach的指示牌出现了,原以为是海边,骑进去之后才发现是家餐厅,菜单上的价格小贵,也没有我爱吃的菜,可是老公说他肚饿,我只好陪他吃。

老实说,这家餐厅的海景很美,还有一片"红得可疑"的苹果树(其实全是塑料苹果),拍拍照还可以,吃的就别太期待了。

"吃完饭,妳想干嘛?"老公问。

"看游艇。"我答。

从这家餐厅往北望去，能见到为数众多的游艇，所以当老公问我想干嘛时，我自然就这么答，结果途中，老公忽然喊腰疼，我只好下车帮他买膏药，偏偏还买错了（老公要热贴，不要凉贴），只能重回店里更换。

"妳再给我18泰铢。"收银员说。

"不，是17泰铢。"我答。

"是18。"

"79-62=17。"

那人盯着屏幕好一会儿，仍不愿相信我说的，为了保险起见（也为了让我心服口服），她叫来另一名同事，结果那位同事也不确定，两人磨磨蹭蹭地拿出纸笔计算，最后才同意是17泰铢。

（注：这是退换货，无法在收银机上操作，只能心算或笔算。）

"妳干嘛那么较真？才1泰铢而已。"老公听完后对我说。

其实我不是在乎那1泰铢，而是那名收银员回答18时很理直气壮，就差当面说我的计算能力不行，我怎能背下这个黑锅？

后来我们如愿来到游艇码头，当时内心还有点儿忐忑，毕竟我们不是游艇主人。事实证明我想多了，因为非游艇主人也可在此租游艇，即使不租游艇，到豪华酒店的楼下餐厅消费也是可以的。

（注：游艇主人将船停进码头后，通常会入住邻近酒店，因为游艇需要清洁和补给，人在船上不方便。）

原以为这些身价不菲的游艇"只可远观，不可亵玩焉"，但岗哨恰好没人，我便堂而皇之地沿着人工堤岸走下去，也因此拍摄到不少豪华游艇的倩影（依据商店贴出的二手游艇价格，中价位大概在五百万元人民币左右）。

就在"瞻仰"这些豪华的庞然大物，并且啧啧称奇之际，我碰巧见到3名男性洋人从船上下来，这些人应该就是游艇主人（若只是租赁游艇，不会在停舶区上下船，而是在靠近外海处），也就是所谓的"有钱人"，所以我试着从外表上找出顶级富豪与一般人的差距，结果有些意外，因为他们看起来与某些重视形象的高管没多大区别，意思是我分辨不出老钱味和新钱味有何不同。

（注：老钱指的是"有钱了很久很久"的有钱人，现有的财富主要是继承而来；

与之对应的是新钱,乃指"白手起家"的有钱人,他们的财富是从无到有,非继承而来。)

"为什么我们不能买游艇?"我问老公。

"妳以为付钱买下游艇就OK?才不呢!维修、保养、补给、清洁、停泊费、汽油钱等也得算进去,考究点儿的,还自带驾驶员、厨师和佣人。"他答。

"那么为什么我们连这个也负担不起?"我又问。

老公想了想,给了一个奇怪的答案——这还得怪他的外公和外婆,因为当年只要付10英镑,就能乘船到澳洲,同时获得英国政府允诺的一大片土地,结果这两人在最后一刻反悔了,那土地若搁到现在,还怕不值上亿元?

"可是……"

"我知道,"老公抢答,"但最终也花光了。"

(注:有关这两位老人的传奇故事,我会在下一个篇章里详细介绍。)

拍摄完"别人"的游艇后,我们往回走,经过酒店餐厅时,我说想喝杯饮料。

"我知道妳为什么想喝，"老公说，"因为妳想体验有钱人的生活。"

还真被他说中了！会入住这家酒店的大多是游艇主人，买不起游艇，喝杯饮料还不成吗？

Anyway，我们在那家餐厅算是拥有一段惬意时光，没想到结账时却出纰漏，留下不完美的印记。

是这样的，我们一共消费280泰铢，我给了1000泰铢。离开餐厅后，我才想起该数一数找回来的钱对上了没？结果这一数，坏了，因为给的是620泰铢，非720泰铢，直接吃掉我的100泰铢。

"这是故意的！"我忿忿不平地说，"通常找钱是小面额在上，最大面额在下，他们却把最大面额夹在中间，很容易让人忘了数最大面额下的张数，还有，服务员就站在旁边等，除了达到'让人不好意思当面细数'的目的外，万一顾客发现不对，还能找个借口搪塞过去。"

（注：找回来的钱，最上面是20泰铢，中间是500泰铢，下面是100泰铢。）

"算了，才100泰铢而已。"老公答。

我最讨厌听到"才……而已"的说法，100泰铢说多不多，但起码我得给得甘心啊！

回家后，我对"被骗"一事仍耿耿于怀，最后不得不祭出最近在网上学到的方法与自己和解，那就是心中默念——允许它发生。

"允许它发生……允许它发生……允许它发生……"

还真别说，几个小时后我真的放下了，换作从前，恐怕至少得两天才能翻篇。

您也会为小事烦恼吗？不妨试试这个法子，也许会有意想不到的效果喔！

10、泼天富贵

接上篇。

昨日夜里,我把录像发到家族群里,公公说那些游艇看起来棒极了,他希望自己也能拥有一艘。

我的公公已经九十多岁,仍精神饱满、声音洪量,按照儿子的说法,公公比我和老公还健壮。记得我们到英国探亲时,外出皆由公公开车,其视力和反应力之好,可见一斑,与此同时,我也留意到每当经过"好停车"的彩票店时,公公都会买上一组机选彩票,至于为什么不一次性购完?公公的说法是每家彩票店的运气都不一样,所以必须分开来买,好分散风险和增加中奖率。

话说公公已经如此高龄，却还热衷买彩票，这本身就不太理智，因为就算中了，享受的日子也是有限。然而有果必有因，他之所以如此执着，乃因家族中曾有人中了头彩（没错，正是老公的外公和外婆），公公认为这种好运气是会传染的，所以尽可能每期都买，期待那千万分之一的概率还会再度降临。

（注：这也是上篇中，老公提到他的外公外婆错失到澳大利亚当大地主的机会，而我不苟同，因为去了澳大利亚，代表他们错失赢得英国彩票大奖的机会。）

"你外公和外婆当年中了多少彩金？"我问。

"我那时候还小，"老公答，"加上大人们有意三缄其口，我更不可能知道，不过中彩后，外公外婆倒是给我买了好多礼物。"

我接着问这对幸运儿中彩票之前是做什么工作的？老公答他们开了一家杂货铺，中奖之后便把杂货铺关了，改开酒吧，而且一开就是三家，结果全部亏损，索性不再折腾，坐上邮轮环球旅游去，直到把钱都花光了，才又回到英国，此时年纪也大了，顺理成章住进公立养老院。

（注：他们选择公立养老院，可见身上已没什么钱，否则应该会入住条件更好的私立养老院才是。）

当我把这件事告诉朋友时，朋友纷纷表示不相信，那么大一笔钱怎么可能全花光？肯定还留点儿什么。

于是我又问老公，结果他答即使留了，也是留给自己的女儿（我婆婆），他怎么可能会知道？

听起来有理，我遂把这件事抛在脑后。

某天，我告诉老公——小时候我算过命，算命师说我晚年时会"非常非常"有钱，属于富可敌国级别。

"How？"老公问。

呃！当年算命师倒没说是如何致富的，我思忖如果不是中彩票，那便是写作了，毕竟J.K.罗琳也算得上富可敌国。

老公听完后笑不可仰，他要我别做中彩票的美梦，因为研究显示一个人连续打12个鸡蛋，个个都是双蛋黄的机率还比中彩票高。

"可是你外公外婆不也中了？"我问。

"他们的确好运气，可是妳现在说的是同一家族中了两次大奖，那是比千万分之一还小的概率。"

老实说，我认为中与不中的机率各占一半，因为要嘛中，要嘛不中，全听老天爷安排（好吧！我承认机率不能这么算，但情感上我倾向"听天由命"）。

如果老公说的没错（我中彩票的机率低到可以忽略不计），那么致富之道就只剩写作了，于是我问他："你觉得我靠写作能否达到富到流油的境界？"

"比起彩票，这个还靠谱些，不过请快一点儿，我可不想等到老得走不动了，妳才有泼天富贵。"

这……这……这叫我如何加快？

思来想去，我能不能富甲天下就靠各位了，请动动你们尊贵的手指（上购书网站购买本人作品），总不能让当年的算命师毁了招牌，您说是吗？

11、浅谈师生恋

昨天看了一部依据真实事件改编的泰剧，说的是高中男生爱上自己的老师，结局很美好，可惜落在现实生活中就不是那么回事了（据说该名老师怀孕后，男学生不想负责，还与前女友复合，简直太狗血了）。

因为这出剧，唤起了我那尘封已久的记忆。记得上初中那会儿，我喜欢上我们的数学老师，在我的眼里，他哪哪都好，连卷袖子的动作都酷到不行。后来我听说他的太太胖胖的，顿时心生怜悯，因为他值得更好的。

（注：当时的我认为一胖毁所有，是原罪，救不了了。）

不过年轻人的爱终究来得快，去得也急，上高中后，我便把数学老师忘在脑后，改喜欢上教官。说起这名空军教官，他的五官分明，带着英气，一看就很正直，还总穿上天蓝色的制服，于人"遨游天际"的遐想。不讳言地说，我完全被他迷住了，这大概是悲惨的高中生活中唯一上了色彩的部分。

进大学后，由于上课老师的年纪普遍偏大，实在"暗恋"不起来，看来看去，也只有教哲学的W老师还养眼些。听说此人本来是学理工的，某天，在图书馆内随手拿起一本探讨哲学的书，从此便深陷进去，换了科系不说，人也变得不争不抢、不急不躁。

虽然W老师温文儒雅、玉树临风且岁数不大，可惜没落在我的审美点上（我喜欢男子气概爆棚的人，他文弱了些），所以只当他是一道"不难看"的风景，完全没料到这风景有一天会被P给一锅端了。

在《我的泰国养老生活1》一书中，我曾提到自己就读的甲班同时拥有校花和校草，如果校花人选有后補名单，P应该能进前十。也就是说在颜值这一块，

P与W老师可谓旗鼓相当，但在家境这一块，差的就不止一星半点了。

"我到W老师家做客，"P说，"他家客厅都没我家的洗手间大。"

"那妳家里人同意吗？"我问。

"不同意，一来年纪差了近十岁；二来他的收入一般，也没什么进取心。"

"所以呢？"

"我也不知道，走一步算一步啰！"

直到大三，P和W老师的关系仍扑朔迷离，倒是我们的学姐早先一步把某教授的原配给踢走，莫名其妙成了我们的师母。

是这样的，我们的音乐系"老"教授已经不止一次出轨女学生，两年前的那次因学生家长强烈反对而告吹，没想到两年后还是成功牵手另一名学生，奇葩的是被踢走的师母以前也曾是"老"教授的学生，而且同样是小三上位……

别看我目前以旁观者的角度来书写这一篇，中等美女的我也曾差点儿被客座C教授给"吃了"，还好我够理智（实际原因是此人颜值欠费，而且油嘴滑舌），所以没掉入陷阱里。

说起这位C教授，他的标签如下：

1、归国博士，为了报效国家，抵挡住成为美国教授的诱惑，果断回国。

2、有政治野心。

3、老婆家里有钱，他的留学费用还是丈母娘出的。

有关第一项，我认为水分很大，听听就好；第二项应该是真的，因为他后来还参加了地方选举；至于第三项，这可不是以讹传讹，而是听他本人吹嘘。按理说，有这样的老婆应该感激涕零，同时捧在手心里才是，然而……

"B杜，妳长得很像我年轻时的女朋友。"某次校外教学，C教授走到我身边对我说。

"噢！是吗？"

"我老婆一点儿都不了解我，我们已经很久没睡在一起了。"

老实说，听到这里我已经听不下去，但C教授掌管我的某学科成绩，非不得已，我不想撕破脸，还好此时我的同学赶上我，并且与我并排走，C教授这才摸摸鼻子走人。

从此，只要上C教授的课，我总挑最不显眼的位子坐，然而不管我坐在哪里，皆无法遁形，因为此人一站上讲台都要问上一句："B杜在哪里？"

直到发现我，他才开始上课。

后来，C教授果不其然给了我该学科的最高分，可是我一点儿也开心不起来；再后来的后来，我认识了老公，花前月下都嫌时间不够，哪还有心思在意这个猥琐男人？

就这样，人生中的一道坎总算被我有惊无险地跨过去，这还得感谢C教授长得其貌不扬，但凡过得去，我自己都没把握能全身而退。

这件事让我思考起一个问题——当众多女生都在谴责小三时，是否忽略小三也有可能"被"小三（尤指涉世未深的女生）？想当年如果我"心软"一些，同情C教授没得到家庭的温暖，不也成了小三？

回到主题，我认为师生恋的主人翁若是双向奔赴且均已成年，这件事无可厚非，最怕的是有些老师利用职权逼迫学生就范，那就真的猪狗不如了（当然，一件事有很多面，倘若学生为了得到好成绩，同意或主动与老师做"交易"，那也挺猪狗不如的）。

写到这里，我忽然想起那位大四时就嫁给音乐系"老"教授的学姐，不知她有没有成功守住"正宫娘娘"的位子？还是依旧提防着前仆后继而来的"学妹们"？看来成年人的师生恋未必是问题，有问题的是男女双方是否已经"定"下来，如果没有，那才是灾难的开始。

12、购票陷阱

自从儿子说要带女友来泰度圣诞假期,我整个人处于兴奋状态,所以当儿子问我能不能代购机票时,我想都不想,直接答应下来,这也让我首次意识到如今的网上购票已今非昔比,跟诈骗没两样(个人观点)。

是这样的,当我订儿子的机票时,价格虽有小浮动,尚在可接受的范围内(事后回想,应该是系统还没追踪到我),可是当我订他女友的机票时却很诡谲,往返票价一路从一万五千多元人民币涨到两万一。面对突来的变化,我开始紧张起来,所以当票价降回到一万七千多元时,我果断出手。买完后,我往回一看，发现同样的航班又降回到一万五千多元，等于白白损失两千多。

接下来的每一天，我时不时上网查看，每次都有泣血的感觉，因为没有一次的票价高出我支付的，更悲催的是如果分开来买，往返票价竟然能低到一万三千元左右。

既然生米已煮成熟饭，我也只能说服自己去接受，哪知两个礼拜后，儿子竟告诉我假期的去程变动了，由于买的是往返票，去程没坐上，代表返程也无法使用，这么一退票，我直接损失了4600元。

我思忖，既然去程不确定，但返程应该无大问题，于是决定先看看返程多少钱，结果这么一看，又让我栽了第二次跟斗，因为超级经济舱六千多元人民币，而经济舱却要七千多，这么大的便宜怎能不占？鉴于之前已经损失了数千元，我急于扳回一城（好抚慰受伤的心灵），于是立马买下，结果回头一看，经济舱从七千多元降至五千多，而我买下的超级经济舱也比自己支付的便宜了数百元。见状，我真有"撞墙死，以谢天下"的冲动。

隔天，儿子又抛来一颗重磅炸弹，原来在国外买机票，只要提供不得不改期的证明，就能免退票费（啊！我那白花花的4600元，到头来终究是错付了）。

见木已成舟，我有气无力地对儿子说："我已买了返程票，去程你买吧！"

"好。"他答。

"你那里显示去程多少钱？"

"八百多英镑。"

"现在买吗？"

"现在忙，明天买。"

结果隔天涨到九百多，儿子当然按兵不动，可是接下来的几天都不降反升，终于有一天他坐不住了，因为票价已经涨到一千五百多英镑，直接翻了一倍。

"你是不是天天查同一天的票价？"我问。

"对啊！"

"试试查别的日子，地点也换一下，好比巴黎、迪拜、阿姆斯特丹。"

"为什么？"

"因为系统会追踪你。"

果然第二天，票价又降回到九百多英镑。

OK，我承认"系统会追踪"是自己的"合理猜测"，没想到还真蒙对了。与此同时，我也挺诧异的，原来国外同样会追踪啊！

几天过后，我紧急把手机递给老公，说："快看，超级经济舱六千多元人民币，经济舱却要一万多，我没骗你吧？！"

"我没说妳骗我，而是这种天上掉馅饼的事根本不可能发生，妳早该察觉有异。"

"人家怎么会知道嘛？！"我颇为沮丧，"还以为捡了个大便宜呢！"

（注：知道用了近十年的国内购票网站也开始不老实，我挺心寒的，再想到这或许是全球性的"欺骗"行为，无疑提醒我以后得小心应对，不求完全不被坑，但求能将损失减到最低。）

13、花钱的艺术

前几天,我和老公去吃旋转寿司,隔壁坐着一个泰国妹子,年纪很轻,大概二十岁初头。没多久,我的目光便从输送带上的各式寿司转移到她身上,并且啧啧称奇。

吃过旋转寿司的都知道,店内的热茶是附赠的,计价方式乃依据盘子的颜色,好比这家,白色盘30泰铢,红色盘40泰铢,黑色盘60泰铢。另外,不在输送带上的食物也可单点,当然,价格的区间就大了,两、三百泰铢一盘的也有。

在此规则下,我见证了那名女孩舍弃了免费的茶水,改叫80泰铢一杯的西瓜汁,而从输送带上取下的十几个盘子中,也以价昂的黑色盘居多,就别提送餐的小火车了（单点的食物由小火车运送），来回起码七、八趟，看起来都不便宜。

"她怎能吃下这么多，却依然保持纤细的身材？"我心想。

结果当女孩唤服务员清点盘子时，我吃了第二惊（她桌上的食物还留下很多，连西瓜汁也只喝了一半）；等她起身去付费，我吃了第三惊，因为她的战利品不少，粗略算一下，五、六个购物袋跑不掉。

我忍不住目送此人离去，同时试着理清思路。

"妳在看什么？"老公问我。

"我在看刚刚离开的那个女孩。"我答，"她怎么这么有钱？"

"真正的有钱人，妳是看不到的。"

依据老公的说法，真正的有钱人只在固定的地方出没，平民百姓很难见到。

"我不跟你扯那个。"我说，"你觉得她是真有钱还是报复性消费？"

"妳问她啊！我怎么会知道？"

由于芭提雅这个地方的特殊性，女孩子想赚快钱相当容易，如果真是那样，还真令人唏嘘。

再讲个发生在上海的例子，同样是浪费食物，但本质却不一样。

"快看！那女孩真的什么都只吃一半。"我对老公说。

老公快速看了一眼后，给出weird（怪异）的答案。

我曾听说有的女孩为了减肥，东西只吃一半，没料到自己竟然会亲眼见证，瞧！咖喱鸡肉饭吃半盘，青花鱼吃半条，红豆汤吃半碗，可乐喝半瓶。

（注：以上不是套餐，她是单点的，可见有意为之。换作是我，减肥期间大概只会点一份主食加饮料，不会再点配菜和甜点。）

"她为什么不打包？起码还能再吃一餐。"我喃喃道。

结果老公告诉我——在国外，只有投喂流浪狗才会打包剩菜剩饭，连家犬都不会获此待遇，因为自己养的狗舍不得让它吃过咸的食物。

该怎么说呢？能不动锅碗瓢盆就解决一餐，在我看来是美事一桩，何况加热过后的食物也很好吃，所以我向来非常热衷打包剩菜剩饭（当然是投喂自己）。

接下来的第三个例子是朋友告诉我的，她说她到外地出差，同行的是一位年轻小姑娘，也不知怎么回事，出差的最后一天竟把手机搞丢了，还好银行卡还在，不致于吃不上饭。

"如果换成是我，"朋友继续说，"恐怕开心不起来，除了还得花钱买部新手机，同时也担心有人会盗取手机内的信息，可是这位姑娘却异常兴奋，出去吃饭也尽挑贵的点，一问起，她答搞丢手机已经够倒霉了，如果再愁云惨雾或吃的差，一整天都是不好的状态，岂不更糟？"

您瞧！这话说的一点儿毛病也没有，同时还发人深省，因为很多人（包括我自己）习惯于"惨上加惨"，然后在接踵而至的麻烦事中失去方向……

以上三个例子，表面上都是浪费，实则各有成因，给予我不同的启发，您呢？看得出其中的差异吗？

14、小白又一章

在《我的泰国养老生活1》一书中，我曾提到流浪狗小白，如今半年多过去了，它依旧无主，不过这不代表它不曾被青睐过，且听我道来……

话说小白的流浪狗身份被证实后的两个多月里，我一度以为它有主人了。

"这是你们的狗吗？"电梯门一开，我看见搬来没多久的邻居领着小白走出来，遂问。

"不，不，吃。"女的答。

由于对方的英语不行，我也不清楚她是否了解我的提问，不过这一男一女带狗进屋却是事实。

"看来小白有家了。"我颇感欣慰地想着。

结果隔天出门遛狗，我又发现小白躺在物业办公室的入户门垫上，让我雾里看花。

接下来的日子里，我偶尔能见到对门邻居带小白进屋或牵小白走出大楼，不变的是户外仍是小白的长栖之地。

这个现象让我明白小白只是被带进屋投喂（物业不允许住户在公寓楼的公共区域内喂养流浪狗，违者罚款），等吃饱喝足后，又会回到大街上。

这种"半收养"的情况一直相安无事地进行着，直至某天早晨我忽然发现楼底大门外有狗粮和饮用水。

"这是谁放的？待会儿肯定被清洁工收走。"我心想。

果然不出我所料，只半天的工夫，狗粮和饮用水就不翼而飞，与此同时，我也发现小白开始站在楼底下仰望。

"你在看什么？"一名中年大叔对小白说。

小白不予理会，继续望眼欲穿。

"这只狗不知在看什么？"中年大叔改对我说。

我苦笑着，不知该从何答起，因为答案挺辛酸的——小白看向的是它的"主人"房间，然而阳台空荡荡的，租户应该已经搬走，这可以很好地解释为什么楼底下会忽然出现狗粮和饮用水，那是在做最后的投喂啊！

又过了几天，当我打算出外遛狗时，忽闻屋外有奇怪的脚步声。

我边开门边有"与某人打招呼"的心理准备，结果发现屋外站着的是小白，吓得我马上关门。

"怎么了？"老公问。

"外面有一条狗。"我答。

"妈的，是谁放进来的？也不怕楼里有屎有尿。"

老公不知这条狗是来找"主人"的，凭着味道一步步爬到七楼，让人既心疼又无奈。

（注：为什么笃定它是爬楼梯上来的？因为狗按不了楼层，即使上了电梯，同乘的"善心人士"也不会知道狗想上到哪一层。）

我在屋内踟蹰了一会儿,最后还是决定开门,还好这次小白站得比较远,看到我和我家狗子也没多大反应。

"你要找的人搬走了,"我对它说,"应该不会再回来了。"

小白依然安静地注视着我和我家狗子,也不知听懂了没?

尔后,我牵狗走向电梯,小白也跟了过来,但止步在电梯外。

"你走吗?"我问它,同时按住电梯门的开关。

小白想了两秒钟,最后踏进电梯,并且跟着我们走到楼外。

后来的几天,它时不时又会溜进来,但不再上楼,而是留在底楼"守株待兔",可是这个愿望终究还是落空(它的"主人"没再出现),它又重新回到大街上或在物业办公室的入户门垫上小憩。

"我有点儿怀疑小白是军犬或搜救犬。"我对老公说。

"谁是小白?"他问。

我只好话说重头。

"妳为什么认为它是军犬或搜救犬？"老公接着问。

"首先，这只狗是凭空出现的，跟那些地头犬完全不同，我猜它是走丢了，走着走着就上这里来了；其次，它的鼻子绝对好使，对门都走了那么多天，它还能找上门来；其三，它不随地大小便，可见受过训练，而且有护人意识，好比以前我和家里的狗子被小黑威胁时，它就曾出面喝退对方。"

我以为老公这次会问小黑是谁，结果没有。

"是又怎样？"老公说，"莫非妳想通知军队或搜救大队？"

我想了想，还是作罢，因为我的"推理"不一定正确，即使对了，"重回岗位"也未必是小白所愿，就让它看看下半生的不一样风景吧！

15、冬季旅行之北碧府篇

时序进入12月份，泰国的天气开始转凉，与其他月份的酷热比，此时出行反倒更加舒适。

"英国好冷啊！雨还下个不停。"儿子在电话中提及。

"放心，泰国每天都是大晴天，记得只要带上轻便的衣服即可。"我叮嘱。

自从儿子表示圣诞假期将与女友飞来泰国与我们一同度假，我便时刻处在兴奋当中，并且为泰国能提供相对良好的气候而骄傲（是的，能全年短袖短裤上阵也是一种幸福，至少我个人是这么认为的）。

这一天，千盼万盼的儿子终于飞来泰国。在机场，我边拍打他结实的胸膛边问："你是不是又长高了？"

"没有，大概是妳变矮了。"儿子答。

听说人老了会横向发福且纵向缩水，发福对我来说，那自然是，但身高……依据"仰视儿子的角度又加大"的事实，要嘛我真的年老萎缩了，要嘛他又拉长了（当然，我希望的是他又长高数公分，而非自己变矮了）。

由于儿子的女友C会晚些时候才抵泰，按照计划，我们三人先到北碧府玩几天，回头再与小姑娘会合。

谈到北碧府，在泰国属小众旅游区，既然是旅游区，从事服务业的人员应该多少懂点儿英语，可是第一晚的高级餐厅却除外，接待我们的女服务员不仅一句英语也不会，还时不时蹦出几句泰语或者某种"无法意会"的语言，让我们有些担忧她是不是全理解了？

事实证明没有莫名其妙的第六感，她果然端来我们没点的三碗白米饭（当然是收费的），还把儿子要的牛排换成了肋排。

虽然有失误，但鉴于此人全程都站在离我们一个跨步的距离，等着随时被召唤，最后我还是给了小费。

第二天，我们在酒店附近租车，那个看起来像是老板娘（实则不是）的店员既没收我们押金，也没扣下护照，而是指着店内一张约60寸的彩色全身照说："我们老板是警察。"

我一看，好家伙，果然是正儿八经的警察，看那架势和制服上的徽章，官位应该还不小。

上车后，我对老公和儿子说："真好，车主是警察，这代表不会有交警拦下我们。"

"妳怎么会有如此奇怪的想法？"老公露出难以置信的表情，"人家的意思是休想开车跑路或做违法的事，否则天涯海角也会逮到你。"

"不会吧？"我喃喃道。

没想到儿子也站在老公那一边，让我开始变得不自信起来（果真如此，那简直天差地别，瞬间就从"友好"变成了"不友好"）。

结果到了还车日，风向又从"不友好"吹向"友好"——店家大门紧闭，打电话过去问，竟然让我们把车钥匙留在酒店前台，连个交接仪式也没有，被人信任到这种程度，倒显得之前的"不友好"猜测太小心眼了。

现在来谈谈北碧府，我的感觉是整个府除了自然景观（好比爱侣湾瀑布、溶洞等）还有点儿生机外，其余都被"死亡"笼罩，譬如桂河大桥、死亡铁路、战争博物馆、泰缅铁路博物馆、战争公墓等，背后都是一桩桩的死亡事故，这还得从1942年谈起……

这一年，为缓解海上补给线的不足，日军强征6万多名战俘和30多万东南亚劳工在泰缅边境修筑一条长约415公里的铁路，借以联通东南亚陆路补给线。如果以正常的速度进行，大约需要7年的时间才能完工，然而在日军严酷的威逼下，前后只用了17个月，代价便是约有10.6万人殒命于此，这也是"死亡铁路"之名的由来。

这起历史事件随着英国导演大卫·里恩执导的战争史诗片《桂河大桥》而广为人知，也让坐落在北碧府的桂河大桥闻名于世，然而此座桥却不是整条铁路中最惊险的一段。为了一探究竟，我们从桂河大桥站上车，除了亲自体验这条牺牲众多生命而完成的"死亡铁路"外，也想看看死亡人数最多的Thamkrasae站点是怎样的场景。

火车离开桂河大桥后，视野逐渐开阔起来，远处可见重峦叠嶂，近处则一片平坦（不是平原就是稻田），实在看不出有何凶险。与此同时，火车上的交易也开始活络起来，有卖凉饮的，有卖糕点的，也有卖手工艺品的，看起来皆像个体户（非火车自营）。其中给予我印象最深刻的是卖黄色圆饼的大叔，虽然他托盘上的圆饼看起来很可口，但大叔脸上的笑容才是亮点，那笑容无比真诚，像从内心深处自然发出，无一丝勉强。

"他怎能做到赚取蝇头小利却又如此满足？"我心想。

此时，坐在我隔壁的泰国妹子忽然喊住大叔，要了四个圆饼（我才知道一个圆饼10泰铢，相当于2元人民币），接着我的目光便转移了，因为那姑娘不动声色地吃完一个又一个圆饼，直至全数消灭，期间一滴水也没喝。

"她怎能做到连吃四个圆饼且完全不用喝水？"我心想。

由于火车到站不报站名，我得一一对照站牌上的站名，免得过站。当车窗外的景象开始出现河流和峭壁时，我猜离目的地不远了，然而……

"Where are you going？"一下火车，警察便拦下我们问。

我指着手机上的站名，得到的答复是下一站才是，害我们又急匆匆上车。

事后回想，这趟火车应该是特意为酒店客人停下的（河边有一整排的水上漂浮屋），因为火车时刻表上压根儿就无此站，这可以从"警察立马拦下我们"的行动中得到验证。

到了Thamkrasae站，几乎大半的人都下车了，可见是个热门景点。由于离回程的时间尚有两、三个钟头，我们决定先找家沿河餐厅喝冷饮，没想到期间还发生一件匪夷所思的事——我从餐厅厕所出来，一名洋人拦下我，说他渴死了，问能不能快点儿上饮料？

"我不是服务员。"我答。

"不是吗？"他喃喃道，似乎不愿相信。

回到座位后，我仍耿耿于怀，误会我是

泰国人也就算了,还当我是服务员,他是从哪点判断出?

老公开玩笑地说:"妳应该承认才是,顺便收钱。"

我翻了翻白眼,话都懒得答一句。

离开餐厅后,我们像多数游客一样,在铁轨上拍照,又到山洞里看佛像,直到回程火车边鸣笛边缓慢向我们驶来,这才匆忙上车。

在火车上,我又看到同样的流动摊贩,包括之前那位卖黄色圆饼的大叔,此时他手里托盘上的饼已所剩无几,不变的是他依然笑脸迎人。老实说,光为了那灿烂的笑容,都值得花钱买饼吃。

次日是离开北碧府的日子,吃完早餐,我们利用退房前的三小时做最后的游览,包括参观墓园和泰缅铁路博物馆。

"这钉子代表什么?"在博物馆里,我指着木板上的钉子问老公。

"那代表每个国家钉钉子的技术。"老公指向标注澳洲的木板,"看!澳洲人钉的就是好。"

呃!我实在瞧不出哪里好,在我眼里,所有的钉子全是胡乱钉上的。

"那为什么中国只有一个钉子,而马来西亚却有好几个?"我又问。

这次老公回答不上来,倒是我无意间发现了真相——1个钉子代表死亡人数500名。

(注:答案其实已经写在上面,只是我一时眼花,没在第一时间发现)。

"合着你是胡诌的,我这么好骗吗?"我追着老公问。

老公假装没听见,抓着儿子开始大谈日军在战争中的恶行。

结婚三十载,另一半企图"毁尸灭迹",我怎会看不透?结果便是叫嚣两句便放他一条生路。

哎!人世间哪来那么多蠢夫愚妇?多是看破不说破(即便说破也是点到为止),这才是夫妻的相处之道。

16、冬季旅行之苏梅岛篇

我和老公坐在素万那普机场的座椅上,约半个小时后,老公望向我身后,说:"他们来了。"

我转头一看,C的外在形象与我想象的有些出入,我以为儿子会挑一个纤瘦、长直发的女生,结果却是丰满且满头卷发,看起来有点儿电影《铁达尼号》里的女主(露丝)那味儿。

"嗨!"我边向她挥手边喊。

"嗨!"她走过来与我握了握手,"很高兴见到妳。"

C一开口说话,让我吃了一惊,因为声音相当低沉,放在京剧里,妥妥唱老生的料。

在彼此生疏的客气中，我们四人坐上飞往苏梅岛的班机，抵达下榻酒店时已近夜里十点，可是工作人员在上完湿毛巾和迎宾椰汁后，好半天都没消息。

我往前台一望，那里挤了五、六人，似乎在商量某事。没多久，一位像是经理的人走了过来，向我们表示相邻的两间房已备妥，但双床房的阳台只有一半。

"不，我们要大阳台，两间房不挨在一起没关系。"老公答。

经理离开后，又是另一个十分钟，再过来时，"经理"问我们双床房改成大床房可好？

老实说，我就喜欢一人睡一床，但与"半个阳台"比，我也只能无奈同意，毕竟"两害相权取其轻"嘛！

哪知经理离开后，又是漫长的等待，我等不下去，直接杀到前台，此时"经理"已不见踪影，接待我的是一位微胖的女子。

"很抱歉，女士。"她答，"你们的房间只能安排在不同的楼栋。"

"那也没关系，我们现在能走了吗？"我说。

被带到房间后，我忍不住抱怨，那名女员工再次致歉，解释因为两个订单是分开订的，没想到会是一家人，而若想安排在同一栋和同一层，双床房就只剩半个阳台的那一间，所以……

我一时混乱，不是已经表示两间房不挨在一起没关系，甚至同意双床房改为大床房了吗？再说，若真解决不了，也应该提早告知，把我们晾在大厅是什么道理？难道拖一拖，半个阳台就会变成一个阳台？

Anyway，度假最重要的是时刻保持愉悦的心情，所以即使入住时有些小波折，我也选择遗忘，梳洗过后便早早上床。

隔天，我和老公被海浪声叫醒，打开窗帘，屋外天朗气清、海天一色，那叫一个舒畅！尔后，我们到餐厅用餐，并被丰盛的早餐给惊艳到，尤其还有不限量供应的新鲜椰子，真是太幸福了！

"待会儿妳可别吵醒孩子们，C坐了十几个小时的飞机，应该会很累。"老公叮咛。

"我知道，十点钟才会提醒他们吃早餐。"我答。

考虑到C可能会倒时差，所以抵达苏梅岛的次日并没有安排活动，但早餐还是得吃，何况又这么丰富，不吃可惜。

哪知年轻人精力充沛，那两人吃完早餐不仅出外遛达，回来后紧接着游泳，结果第三天出海浮潜归来，C便有了感冒症状，估计是刚从严寒的英国来到酷热的泰国，身体还没完全适应过来就马不停蹄地折腾之故。

身为东道主的我怎能坐视不管？当然递上感冒药和自己的长袖衬衫（C的行李箱里除了厚实的冬衣外，全是清凉的夏衣，清凉到以吊带上衣搭配短裤或短裙居多）。据说C后来是吃了药，但我的长袖衬衫却给了个寂寞，一次也没见她穿上，即便刮风下雨，她依然清凉上阵，看得我都替她打哆嗦，若换成自己的亲闺女，肯定得说两句。

由于客人身体微恙，我把预订的深潜活动往后移两天，平台回复我："您确定要改期？商家说星期五风浪大，很可能无法出海。"

我心想这天好到不行，肯定是找借口推脱，所以依旧选择改期，哪知一语成谶，星期五果然惊涛骇浪，所有海上活动都停止了，直至我们离开苏梅岛，也未见禁令解除。

既然无法出海，只能做点儿别的，否则就太浪费美好的假期了。一开始，我建议开越野车上山玩，C没拒绝，但看得出是基于礼貌，于是我给出B计划（看大象），这次C欣然接受，看来这个安排很对她的胃口。

（注：我们参观的是大象保护营，主要活动是喂大象和帮大象洗澡，不是骑大象或者看大象表演。）

总结苏梅岛给我的感觉，与去过的普吉岛相比，无疑更原生态些；再讲到美食，由于篇幅有限，在此只挑印象深刻的四家分别述之：

1、XX餐厅

该餐厅因为被周杰伦打卡过，所以在华人圈里颇有盛名，但老实说，食物只能算中上，毕竟去那里用餐也不全为了满足口腹之欲，火舞表演才是重点。

2、YY餐厅

据称是岛上最好的意大利餐厅，但感觉一般，标价倒是与名声匹配（四个人总共花了七千多泰铢），不过这不是印象深刻的原因，而是当我们用餐时，旁边的长条桌上坐着穿制服的七、八名警察，另有三位身着便服（从气质上看，很像大佬）。要知道，这可是一家昂贵的餐厅，最便宜的红酒都要2000泰铢一瓶，然而这桌客人却一瓶接着一瓶地开，食物也一道又一道地上，像不要钱似的，害我都替他们捏一把冷汗——怎么赴宴前不脱掉制服？这也太招摇了，就不怕被人对号入座？

3、ZZ餐厅

算得上苏梅岛之行的最佳餐厅，不论牛排的品质或厨子的厨艺皆属上乘，价格还没有YY餐厅贵，很值得一试。

4、OO餐厅

这家餐厅原本不在我们的名单上，若不是ZZ餐厅满座，而OO餐厅又大言不惭地表示自家的牛排和对面的ZZ餐厅一模一样，连作法也一样，我们是不会上当的。

话说回来，若不是"吃伤了"，ZZ餐厅的牛排就显现不出有多难能可贵了。

在苏梅岛待了八天后，时间来到24号，这天是离开苏梅岛的日子，结果上机前又让我惊艳了一下，因为机场是开放式的，不论值机、安检、购物、用餐等，都像在大型的奥特莱斯（Outlets）里进行，连飞机起降的跑道也近在咫尺，真是大开眼界！另外，机场还提供免费的冷热饮和小点心，让人不禁替机场内的饮食店叫屈（有免费的，谁还愿意花钱？估计只能吸引到"不把钱当钱"及"不明就里"的旅客进店消费）。

"接下来，我们要在曼谷待六晚。"上机前，我对两个孩子说。

"订的哪家酒店？"儿子问。

"湄南河边的五星级酒店。"我答。

儿子投来好奇的眼神，我则给予意味深长的微笑……

17、冬季旅行之曼谷篇

打从到泰国养老，我和老公就一直未与儿女们见面，当儿子提出将带女友与我们小聚时，我思考了一下，给出一个"优惠"方案——英泰的往返机票钱他们付，到了泰国，所有的花销我们付（但不包括带回英国的纪念品）。

"妈，妳能不能连往返的机票钱也一并付了？"儿子问。

"不能，因为有付出才会珍惜。"我答。

说这句话可不是开玩笑，举个例子，如果我全包了所有的旅行费用（包括来回机票），孩子们抵达后，睡到日出三竿再起床是可能的，因为这是不费吹灰之力就得来的"好事"；相反的，如果荷包一开始就大出血（英泰之间的来回机票价格因淡旺季而有所不同，大约在1000～2000英镑之间），此时心态就变了——既然已经付出这么多，怎么也得"玩回本"才行（所以"睡到自然醒"这种奢侈的事，基本可以排除）。

当然，"有舍必有得"，因为儿子是花了钱的，所以我们尽量在食宿和玩乐方面大方，好比订的是五星级酒店，吃的是豪华餐厅，叫的网约车也是商务型，务必让他们有"不虚此行"的感觉，这也是儿子的不解之处——怎么一向节俭的母亲会忽然往"铺张浪费"靠拢？

对此，我的解释是："为了给你长脸呀！因为你女朋友同行的缘故。"

然而关起门来说，"给儿子长脸"只是部分原因，主因还在"利诱"，这是某位台湾企业家给我的启发。

话说这位有钱的企业家抠门到了极点，他的孩子们不得不半工半读完成学业，即使长大后进入家族企业工作，拿的也是死薪水，与其他员工无异，然而自从企业家生病住院后，抠门的他忽然变得异常大方，凡探病的亲人一次给一万块（不确定是不是这个金额，反正不菲就是），大小同价，导致拜访的家人络绎不绝，病房里每天都热热闹闹的……

这件事给我的启发是有钱能使鬼推磨，噢！不，应该是"适时补贴的重要性"，所以我不介意花大钱让孩子们和自己有个愉快的假期，毕竟英国及其邻近国家也有很多性价比高的旅游地，想要把他们吸引到地球的另一端，当然得提供相应的诱饵。

Anyway，冬季旅行的最后一站来到曼谷，由于我和老公已经多次拜访过这个城市，很多景点都已参观过，譬如大皇宫、玉佛寺、卧佛寺、郑王庙、吉姆·汤普森博物馆、曼谷国家博物馆等，所以我让儿子带着女友去过二人世界，自己和老公则享受起慢生活，或是躺在酒店的游泳池旁刷手机，或是看房去（现在住的房太小，我寻思买套大的），反正没"闲"着就是。

在曼谷的行程中，除了吃吃喝喝，我们还特意安排了大城府一日游和观看泰拳比赛。先来说大城府，它位于曼谷北边72公里处的巴沙河畔，曾是泰王朝的国都，从西元1350年建都至1767年被缅甸攻陷，繁荣了数百年，因此留下了不少珍贵的遗迹，不过现已多呈断壁残垣的景象，但那些宏伟的宫殿遗堡、庄严的佛像和细致的雕刻，仍能看出曾经的辉煌。

话说这不是我和老公第一次拜访大城府，但上次参加的是旅游团，玩得不够尽兴，所以这次我们改包一辆商务车前往，10个小时也不过681元人民币，比起旅游团贵不了多少，重点是想去哪里参观？想待多久？想在哪个餐厅用餐？凡此等等皆由我们决定，还有比这个更惬意的吗？

再说泰拳比赛，如果不是儿子想看，再怎么着我也不会花钱看人"打架"。

观看结束后，儿子问我的感想，我答我以为会更暴力些。

"什么？"儿子露出难以置信的表情，"已经很暴力了好吗？"

没看泰拳比赛前，我勾勒出的画面是双方皆往死里打，血迹斑斑，然而实际状况却是但凡有一方呈现"挨打"状态，那个"上蹿下跳"的裁判便会上前制止，导致"喷出一口鲜血来"的血腥场景自始至终就没发生过，遑论"被抬出去"这种终极结果。

时间来到假期结束的前一晚，我原本的

计划是再去吃一次HB（港式茶餐厅），但儿子说想吃寿司，只好随他意。

隔天（也就是上飞机的日子），我对儿子说："昨晚我原本想再去吃一次HB，因为你没吃到马来糕。"

"其实……我已经没那么想吃马来糕了。"他答。

儿子打小就喜欢吃马来糕，甚至不允许任何人触碰他的最爱，哪怕只是一丁点儿。如今儿子表示他已没那么想吃马来糕，不讳言地说，我都不确定他是不是我儿子，因为我脑海里的儿子是但凡有马来糕，世界就是美好的。

动画片《玩具总动员》里有这么一段——女牛仔翠丝原本是主人的心头爱，后来主人渐渐长大，不再喜欢她，她被踢到床底下……

万万没想到有一天马来糕的命运竟会和女牛仔翠丝一样，再进一步延伸，我还是儿子的最爱吗？

"你是不是还是最爱妈妈？"趁儿子的女友走开，我觑了个空问。

"……嗯！"

"到底是还是不是？"我不懈地问。

"……是。"

记得儿子小时候总说我是他最好的朋友,如今儿子"有所保留"地承认最爱我,我不禁感慨——原来再亲的儿子也会变,我能"完全"拥有的也只是他的未成年时期。

"拜拜!也许明年见。"在机场,我对两孩子说。

看他们渐行渐远后,我转身找网约车。

"伤心不?"老公问我。

"没。"

"真的?"

"真的。"

老实说,若真有负面情绪,那也不是因为面对别离,而是当得知马来糕不再受宠,进而延伸到自己很可能已不再是儿子的最爱时……

然而跨过那个难受的moment,我就自己跟自己和解了,因为不顺势而为,难道要逆势而行?这种"伤人一千,自损八百"的事还是少做或别做,好好心疼自己才是硬道理,您说是吗?

18、中年危机

两个礼拜前，当我遛狗走在小巷里，有个女人站在约五十米外的阳台上边挥手边喊嗨。

我往前一看，再往后一瞧，应验了"前无古人，后无来者"那句话（整条巷子就只有我和我家狗子）。

我再次望向女人，"应该、大概、或许"不认识，于是我继续遛狗。

几日过后，当我又遛狗时，一名洋女人走过来，说："嗨，妳还认识我吗？"

我思考了几秒钟，终于想起她是谁。

去年三月份，我认识了这位来自荷兰，年纪与我相仿的女士，她告诉我泼水节过后会回荷兰，后来我便再也没遇见她。

"妳从荷兰回来了？"我高兴地问。

"是的，"她看向我家泰迪，"妳的狗还活着？"

我一时愣住，这是什么开场白？

大概见我没接话，她继续说道："我曾经看到妳在小巷里遛狗，我还跟妳打招呼。"

"噢！原来那是妳，很抱歉我没认出妳来。"

"没事，我染发了，把银色染成了金色，难怪妳没认出来，我还跟我老公说那个上海女人还在。"

其实我没认出她并不是因为发色（我有老花眼兼近视，能分辨出是个人就不错了，遑论发色），而是她原本住在朝南的房，可是她喊我时的所在位置却朝东，根本不是同一间，我要如何"对号入座"？不过现在不是纠结这个的时候，我得赶紧澄清某事。

"我是台湾人，"我说，"来芭提雅之前住在上海，这不等同我是上海人。"

"是的,我应该对我老公说——看!那个住在上海的台湾女人还在。"

我一时分辨不出她是否在揶揄我,姑且"疑罪从无"。

"看样子这次妳租住在不同的房子里。"我说。

"没办法,我和老公想租小点儿的,可惜没有了,只能租两居,为此我们还多付了租金,没想到离谱的事发生了,现在连押金都不知能不能要回来。"

我问怎么回事?原来有个人以公司名义购买了该公寓楼的数间房,全部空置,最近才发现物业把他家的房都出租出去,钱落入自己的口袋。此事惊动了警方,将涉案人员全一锅端,物业当然也换了。这位女士不巧住进有问题的房,好消息是她仍可继续承租,坏消息是押金可能要不回来了(至少目前还没个影)。

"那真糟糕!"我说。

"可不是,我琢磨在荷兰买的旅游保险能不能给付?估计不行。"

针对此事,我不甚了了,于是她另起炉灶,问我最近都在忙些什么?

当我还在回忆自己最近都干了啥时,荷兰女士插嘴:"是不是在研究怎么吃狗肉?"

老实说,我是一个不愿将场面搞僵的人(所以能忍则忍),但她真的惹怒我了。

"不,我不吃狗肉,绝无可能!"我铁青着脸答。

大概我的脸色吓到她,她改口是自己搞错了,日本人才吃狗肉。

日本人吃狗肉?这还是头一回听说。姑且不论真假,她的这招障眼法倒是成功转移了我的注意力。

"我没听说日本人吃狗肉,倒是它的近邻(韩国)是世界上唯一一个养食用犬的国家。"我说。

"是吗?那真有意思。"

看聊得差不多了,我打算收个尾,问她提着袋子去哪里?

"这袋子里装的是狗粮,我打算去喂流浪狗。"她停顿了一下,"搞不懂为什么泰国政府允许路上有那么多流浪狗?"

"因为……它们是……无家可归的狗呀！"我有些莫名其妙地答。

"我知道它们无家可归，但至少能盖个收容所什么的。话说回来，盖收容所只能治标，想治本还得把所有流浪犬的蛋给咔嚓掉。"

没错，她说的就是Egg（蛋）。

如果谈话的两人很熟就罢了，问题是我和她顶多只能算是点头之交，这样的对答显得粗鄙，让我浑身不自在，所以看准时机便果断说拜拜。

回家后，我总感觉哪里不对劲，就在去年，这位女士还是举止端庄、谈吐知性的淑女，怎么不到一年的工夫就屡屡说出不合时宜的话，让人如坐针毡？

我想了想，倘若不是双重（或多重）人格，那就只剩一种可能性——中年危机。

所谓的中年危机（Mid-life Crisis）乃加拿大精神分析学专家埃里奥特·杰奎斯所提出，简单地说，人到中年容易产生自我怀疑，为求证明自我，有时会做出奇异的行为。

我已届入中年，对此深以为然。举个例子，去年我到普吉岛旅游，期间我尝试了海上帆伞活动（快艇在海面上急驶，将连结的降落伞拉上天空，从而让坐在降落伞下面的人能一览海上风光）。认识我的人都知道我不光是只旱鸭子，还毫无冒险精神，所以像海上帆伞这类的活动，基本可说是绝缘，可是如今的我却做出截然相反的行为，难怪儿子看过视频后会说我有中年危机。

Well，心理学上的理论我不懂，但自己为什么会去参与海上帆伞活动，我是清楚的，原因就在于人生已经走到后半段，我认为很多事物若再不尝试，很可能就没机会了。

把这段心路历程放在荷兰女士的身上也许也相通——前半生她以优雅示人（没人知道她也有粗俗的一面），倘若再不释放真性情，或许就没机会了。

以上是我对荷兰女士的猜测，不一定准确，但我有中年危机一事倒是不假，好比我经常会想"都这把年纪了，还忍受这个干嘛？"或者"都这个岁数了，还不那个啥？"

除了生命倒计时所带来的压力让我出现奇异行为，医学科技的进步（好比传言某某年会实现永生等）也让我产生奇异思维——我都已经接受死亡了，现在来那么一出（这个某某年说晚不晚，搞不好我就搭上末班车），我是死还是不死？如果不死，代表人生还得重新布局，烦哪！

"如果人类实现永生，我肯定会离婚。"就在刚刚，我对老公说。

"为什么？"

"你想哈！永生是什么概念？一千年？一万年？人怎么可能跟另外一个人相处那么久且不生厌？"

"我就可以。"

"你不可以。"

"要不要打赌？"

哎！就算他可以，我肯定不行，这赌打了也没意思，徒增恐惧而已。

（注：他若赢了，代表我还得忍耐他一万年以上；他若输了，代表我得经常找伴侣或单身一万年以上。不管哪个，都恐怖至极。）

19、人间清醒

冬季旅行回来后，我很享受在芭提雅的慢生活，连"洗手做羹汤"的苦差事也成了乐趣，毕竟过去的半个月里，我们每天都外食，所以挺想念自己那"笨拙"的手艺。

后来，慢生活成了老牛拖车，越拖就越无聊，现在连看到蓝绿色的果冻海也无法让我开心，简直离谱他妈给离谱开门（离谱到家了）。

有句话"旅行就是从自己活腻的地方去到别人活腻的地方"，我深以为然。就在去年（我还在上海），我无时无刻不怀念芭提雅，可是当美梦成真后，却不是那么回事（随着时间的推移，我对这里的浩瀚大海、绿意盎然、虫鸣鸟叫、不期而遇的小动物……等，越来越没有初见时的激情，反倒很想上外地走走）。所以当芭提雅及其周边都玩得差不多时，我和老公启程去了普吉岛和清迈，最近的这一次则是从北碧府、苏梅岛，一路玩到曼谷。按理说，已经旅游了那么多地方，玩兴应该不大了，可是就是这么神奇，我是越玩越带劲，像打了吗啡一样，不是在玩，就是在筹划怎么玩……

再举个例子，不久前的冬季旅行，我和老公曾觑了个空看了一处位于曼谷的河景房，回芭提雅后仍念念不忘，心想如果能住进那样的房子里，每天应该都是笑着醒来。然而经过这一阵子的感悟，我发现未必如此，也许刚搬进去的头几个月会感觉幸福，久了极可能乏味，就像我目前的心境一样。

说到这里，如果您以为我已经厌倦了泰国，那倒也没有，而是我"偶尔"需要看看不一样的风景，还好泰国国土的跨度大，既有重峦叠嶂的山景、微波粼粼的河景和碧水蓝天的海景，还有大城市的喧嚣繁华与乡村的宁静朴实，如此多重面貌，我相信只要勤于"出发"，一时半会儿应该不会对养老地（泰国）感到厌倦才是。

前几天，当我又提议旅游时，老公意有所指地说："从前的人大多在同一个地方打转，很可能至死都没离开过自己的家乡。"

"我知道呀！"我答，"古代交通不发达，去哪儿都费劲，但我们又不是生活在古代，如今坐飞机沿着赤道转一圈也只需50个小时而已，谁还老死一个地方？再说，我们的年纪都不小了，现在不出去玩，更待何时？难道非要等到齿摇发白或拄着拐杖时，再来后悔以前没出去玩？"

"可是出去玩要花钱啊！"老公无奈地答。

（注：上回的冬季旅游，我们四人花了约40万泰铢，折合人民币8万块。）

我告诉他什么最花钱——如果我不开心，就容易产生心理疾病，而心理疾病也会引发生理不适，那就得看医生（而且一连看两位医生）。

"所以你是宁愿我把钱花在看病上还是拿来旅游？"我接着问。

老公后来举白旗，按照他的说法，我是越来越不听劝，他胳膊拧不过大腿，只能投降,还好我不再提买房,就当是把买房钱拿来旅游吧!

啧啧啧……说得好像我很不理性似的,其实我才是人间清醒的那一位,人都已经入土一半了,当然得尽可能地走遍、看遍和吃遍全世界,这才不枉此生,您说是吗?

20、飞越疯人院

今天,我和老公到7-11采购,转了一圈,我俩各自拿上东西到柜台结账。

等了好一会儿,柜员才抛下前面的客人,另开旁边的柜台帮我们结账。通常的情况下,老公会先抱结完账的水回到摩托车上(毕竟水很重),今日也不例外。

"254泰铢。"柜员对我说。

我掏出钱包,给了柜员1000泰铢,此时,站在隔壁柜台的"前"客人忽然用俄罗斯语问我话,我的余光扫到老公趸回来了。

" I don't understand."我对那个年轻人说。

话一答完，那人又用俄罗斯语轰炸我，而且眼神极其不对劲。

我看了看柜员，又回头看了一眼老公，这两人心领神会，开始轮番向那人解释我听不懂俄语，可是这个人就是不死心，依旧向我输出，那种感觉很奇特，我既像是他的救命稻草，又像是该为他目前的处境负责的人。

"I don't understand, sorry."我边答边把找回来的钱放进钱包里，心中一度害怕他会过来抢我的钱包。

回家后，我问老公为什么踅回来？他答那个人在我们之前就已经跟柜员鸡同鸭讲好一阵子，他猜此人若不是吸毒，就是有精神疾病，所以走到门口又特意踅回。

"算你有良心，懂得回头救老婆。"我说。

"哎！这年头除了防坏人，还得防精神病患，前者还有法可治，后者就治不了了，只能自认倒霉。"

老公的回答唤起我更早以前的记忆，那时我们全家还住在澳大利亚，好巧不巧就让我碰上一名精神病患，且听我道来……

话说那天我开车到商场购物，等我停好车，正准备跨出车外时，一个人影快速跑来，我以为她要上紧邻的这辆车，所以将脚缩回，接着关上车门。

"没关系，妳可以先下车。"车外的女人对我说。

基于礼貌，我让她先上车，但她还是礼让我，并且自行退出去，我只好下车。当我走到车尾处时，我还对站在那里的人微笑示意（感谢她让我先下车）。

等我拉开后车门，打算抱起坐在儿童座椅上的儿子时，我的脑子才把前几秒眼睛所传来的信息消化完毕——那个女人穿着中学生校服，绑着两条麻花辫（但脸分明是个中年人），手里拿着一把刀，刀尖朝下……

想到那把闪着寒光的刀，我把解开的安全带重新替儿子系上，接着关上车门，退到车头处。

"妳怎么了？"那女人上前两步问。

这次我清楚地看到她的刀，不是自己眼花。

"没什么。"我答。

对视几秒后，这人忽然冲上来，同时喝道："把该死的车钥匙给我！"

我拔腿就跑，边跑边遥控车子锁门。车内的儿子见我跑了，哭得撕心裂肺，我已无暇顾及，而是极目寻找有没人可以提供帮助，可惜诺大的停车场虽然停满车，但似乎没有走动的人，于是我往商场入口跑去，还好没多久便看到一名壮汉和他的女伴推着超市购物车往我的方向走来，我赶紧拦下，告诉他发生了什么，他立即去追那个拿刀的女人，而他的女伴也通知了商场。过了一会儿，那名壮汉和商场经理一前一后来到停车场，壮汉说"嫌疑人"后来又拦下一位车主索要车钥匙，但没成功，人已经往市中心的方向跑去，而商场经理则为发生的事向我致歉，接着问我要不要回她的办公室喝一杯茶？

我心想都什么时候了，还喝茶？果断拒绝后，我回到车上，儿子已经哭成泪人，让我心疼不已。

当天，我将此事告诉身边所有的朋友，她们皆建议我报警，连老公也这么说，理由是如果放任此人在外，还不知有谁会倒大霉。

没办法，为了当好公民，我只好上警局报案。接待我的警察一副不太情愿的样子，甚至一度怀疑我报假案，譬如质疑我如何能做到边逃跑边锁车门？

"用遥控器啊！"我答。

（注：当时多数人仍使用车钥匙开关车门。）

提供了事情的来龙去脉后，我以为自己可以走了，孰知还有下一个步骤——指认。

警察掏出好几张画卡（光眉型就有十几种），让我协助拼凑出嫌犯的样貌。

老实说，对方除了在我的脑海里留下"与我等高、金发、麻花辫、校服、中年妇女"的印象外，其余皆很模糊，可是此时若回答记不得了，恐会被认定报假案，我只好硬着头皮指认。

"像这样？"警察边把拼好的画像给我看边问。

"差不多。"我答。

就这样，一个"好像是嫌犯"的画像出炉了。

几日过后,同一位警察打给我,表示嫌犯抓到了,已经送回精神病院了。

"送回精神病院?"我特别加重那个"回"字。

"嗯!妳遇到她的那一天,她刚从精神病院出院。"

我倒吸一口凉气,这运气也太背了吧?!

"妳还有什么要问的吗?"警察问我。

"没有。"我停顿了一下,"等等,如果……我是说如果,如果那个女人拿刀杀我,她是否无责?"

"精神病人能担什么责?顶多在精神病院里待久一点儿。"

挂断电话后,我沉默良久,回想当我弯腰解开儿子身上的安全带时,那人完全可以从背后偷袭,甚至也给儿子来一刀,以当时"杳无人烟"的状态,估计好几分钟都不会有人发现,她完全有充裕的时间开车逃逸(当然是我的车)……

以上是我(和儿子)离死亡很近的一次,能全身而退真是上天保佑,幸哉幸哉!

21、表面功夫

每隔一阵子的清晨，我总能见到两个胖胖的女人共骑一辆摩托车来到三巷（这不代表她们每隔一阵子才来，而是我每隔一阵子才与她们相遇）。这两人的工作是打扫巷子，流程一般是这样的——每骑一段便停下来打扫，打扫完拍照，接着骑车到下一段打扫……

这个流程看似行云流水，其实只是做做表面功夫，好比畚箕里的垃圾很少倒进垃圾桶（垃圾桶不是随处都有），而是倒进道路两旁的树林里，至于那令人作呕的狗粪则"藏"起来，如果不是在禁止停车的牌子后面，很可能就在路边花台里，反正只要不被照相机捕捉到就行。

这个听起来挺泰式的，估计若不是有拍照要求，这两人大概逢初一、十五才来，把懒散进行到底……

有句话"工作只是生活的一部分"，但说归说，真正彻底实施的还得是泰国人，他们是我见过最懂得及时行乐的一群，好比经常聚集在海滩或公园唱歌、闲聊、野餐等，甚至工作当中也能偷闲，而且貌似还很享受这种偷来的快乐。

不懂？好，让我举个例子：我们楼里雇了一位清洁工，她的工作是打扫公共区域，拿每层楼的走廊来说，即使不是天天打扫，一星期打扫两次不过分吧？！但这位清洁工就是有办法做到两个礼拜也不打扫，证据便是有人弄脏了地板，留下几处小黑点，而这几处小黑点一留便是两个礼拜（我猜想清洁工只是远远瞄了一眼，貌似很干净便决定不打扫了）。既然清洁工拿钱不做事，那么白天漫漫，她去了哪里？答案是垃圾收集区旁边的平台。此平台约有一个King Size的床垫大小，估计在上面打两个滚都没问题，而且位置极佳，就在公寓楼的边缘，代表正常情况下"应该"不会被打扰，而且邻近花园，采光和通风都好。这可以解释为什么"禁止小狗大小便"的牌子会被移到这个区域，因为我们的清洁工经常躺在平台上纳凉，或刷手机，或听音乐，或吃点儿小零食，她可不愿被狗粪和狗尿坏了一天美好的心情。

瞧！这"忙里偷闲"的精髓可说是被我们的清洁工拿捏得很到位。

再举个例子，某日，朋友的空房需要打扫（我俩的房子在同一栋楼），我便帮她预约，结果被告知打扫时间安排在三日后。

"能不能今天打扫？"我问。

"不行，清洁工上午得打扫公共区域，下午才接活，而且每天只接一个活。"物业人员答。

听完，我的脑海里立即浮现清洁工躺在平台上翘起二郎腿的情景。

好了，到了约定打扫的隔天，我上门检查，该怎么说呢？最脏的阳台肯定是打扫了，其他则不好判断，因为每个人的标准不同，硬要吹毛求疵的话，那自然是不合格的。

我以为这件事就这么过去了，直到三个月后（当我去交水电费时）才又吃了一惊，因为物业人员"主动"把朋友的账单递给我转交。我一看，好家伙，没人住的房子在十月份多出258泰铢的电费，折合人民币五十多元，而那个月份正是房间被打扫的月份。

话说朋友的房子只有28平米，从未入住过，就算使用电器打扫，那样小的面积能耗多少电？我的合理猜测是——清洁工打扫完毕便留下来吹冷气，直至规定的收工时间到了（下午五点）才离开。

摊上这么一个懂得偷闲的清洁工，的确让人心寒，但我选择隐忍（只要未踩到我的底线，我可以睁一只眼，闭一只眼）。然而我能忍，不代表别人也能忍，果然某天便改朝换代了——懒惰的清洁工不见了，换上一张新面孔。

新来的倒是很积极，经常能见她弯腰打扫的身影，而我也只能期待这份热情能维持得久一点儿，毕竟对于三分钟热度的泰国人而言，"天长地久"的热情显得很天方夜谭，何况这份工作也没什么值得兴奋的点，除了能在平台上打滚外，就只剩微薄的工资了。

22、被钱整疯后的奇思异想

2022年下半年,我卖掉国内的两处房产,至今仍有人说我好运气,如果搁到现在,房价下跌不说,还少有人问津,怎一个惨字形容?

我也认为自己运气好,恰恰在房价的最高点卖出,而且当时美元兑人民币的汇率也佳,约在1比6.85(今日汇率是1比7.26),不过这不表示汇款至国外就毫无波折,事实上为了这笔卖房款,我和老公跑断腿,最后才顺利汇出。原以为这件事就这么结束了,结果来泰两个月后(也就是将钱汇至香港的两个月后),某日下午我接到香港开户银行的电话,问我为什么要把钱汇到美国?还有,汇款由第二联名人汇出，此人与我是什么关系？

当时我着急下楼搭网约车，于是对方说会在隔日某时再打电话过来。

挂断电话后，我把发生的事告诉老公，老公很不解，这还是香港银行吗？怎么储户动用自己的钱还得上报？

次日某时，对方真的来电，我没接听，他便一次又一次地打，把老公给惹毛了，按下接听键便是一阵输出，这才终止"骚扰"。

是的，我认为这就是骚扰，首先，钱已经汇出去，所以不存在"防诈骗"一说；其次，银行问我为什么要汇款到美国？这就奇怪了，我为什么不能汇到美国去？也许国内汇款到国外不是那么便利，但香港是境外，而我和老公拿的又是外国护照，汇到美国不挺正常的？其三，联名账户的意思是联名人都可以利用此账户汇款或收款，那么由我老公汇款不挺正常的？再说，这时候才想起要问我和另一位联名人的关系岂不可笑？就算要问，那也是开户前问；其四，我和老公只是一介平民，安分守己了大半辈子，存款还不及有钱人的零头，除非有真凭实据，这种预防性（或秋后算账型）的询问根本无意义，也浪费人力，倘若真要做恶，还会实话实说吗？当然是编造理由搪塞过去。总结一句就是——此举乃"防君子不防小人"，到头来只是恶心君子而已。

（注：从关境的角度讲，港澳属单独关税区，相对于内地属于"境外"。）

有关"钱被管"的烦恼事还不止此，去年12月，当美元兑换泰铢的行情好时，我们就想换一些当生活费。老公说两万美元足矣，我不同意，因为汇款有手续费，在汇率好的情况下就应当多换些才明智。老公后来从了我，换了5万美元，事实证明我是对的，除了现在的汇率不如当初外，还有"突如其来"的政策问题——从今年一月起，国外汇款至泰国将计入征税。

针对此变化，我挺吃惊的，因为泰国不允许拿养老签证的人在本地就业，意思是养老人群只能从国外汇生活费进来，可是免税额度又不大（买个昂贵的包，基本就额满了），除非节俭度日，纳税将无可避免。

此政策一出，受影响最大的无疑是想舒

舒服服养老,却又被迫抑制购买欲的中产阶层,好比我和老公。

(注:低收入者,此免税额度足矣;高收入者,多的是避税方法。)

"泰国应该鼓励消费才是,"我不满地说,"这么一整,谁还敢大手大脚花钱?"

"我猜这只是第一步,"老公答,"泰国最终会像美国一样,海外收入除了被所在国扣税外,还要被居住国扣税,等于被剥两次皮。"

以上是老公的个人观点,不一定准确,但却给予我想象的空间。

"你说我们为什么需要被某些人管着?"我问老公,"自己管自己不行吗?以前的猿人就是自己管自己。"

"因为个人比不上群体的力量,所以猿人灭绝了。"老公答。

我也知道这是事实,但脑海里不免天马行空起来——如果人类未曾意识到"积力之所举,则无不胜也;众智之所为,则无不成也"的大道理,现在的我们仍是满山奔跑的猿人,每天只需烦恼如何饱腹一日,没有同类管着,也无需遵循条条框框，只要不被野兽一口吞，基本实现"绝对"的人身自由，岂不快哉？

哈！这就是我的"乌托邦"世界（非常的简单粗暴）。

23、有关泰国买房和租房

我家楼底下的乌克兰文化交流中心某天忽然成了乌克兰大使馆（非领事馆），当我把这个消息告诉朋友M时，一开始她认为这是一件好事。

"可是我们楼里有好多俄罗斯租户呢！"我说。

（注：俄罗斯和乌克兰正打得不可开交。）

经我提醒，M转而批评乌克兰政府怎么可以把大使馆设在居民楼？再说，大使馆不是应该有卫兵守卫吗？

这也是我的不明白之处，我猜测是战争掏空了国底，乌克兰政府只能变着花样省钱，不过它的这套省钱法倒是吓坏了我，因为我们的公寓楼只在夜里雇用一名保安，而且看起来完全没有战斗能力，万一俄罗斯人投下一枚炸弹，住在楼里的人岂不遭殃？

我的担忧很快便被老公的三言两语给化解了，理由是——会潜逃到泰国的俄罗斯人一般都站在战争的对立面，换言之，皆是和平人士。再说，泰国在国际上一向没什么影响力，加上对外政策采多方讨好，妥妥的骑墙派，所以俄罗斯若要炸大使馆，也不会选择在泰国动手，因为太"名不正，言不顺"，倘若一意孤行，还会落下一个"欺负弱国"的恶名。

好了，为什么我会第一时间告诉朋友M？因为她买的房也在同一栋楼，是我的楼下邻居。

说起M买的这个房，一开始还不是花费很多，尤其当时的汇率很友好，能达到5.6比1，但后来发生的事却在原来的基础上多出了三万多元人民币，加上房屋一直空置着，租金方面的损失差不多也有四、五万元，等于蒸发了近十万，为何如此这般？且听我道来……

当开发商通知业主收房及办理房产证时，M认为不急，反正余款付了，每年的物业费也缴了,何况疫情期间也不方便出国,所以迟迟未收房及办理房产证,这么一眨眼,五年过去。某天,同为此公寓楼的业主G收到一封邮件,大意是这栋楼已销售一空,开发商将在年底注销公司(这是业内普遍的作法,以防日后业主因某些原因控告开发商),若不及时办理过户,后果自负!

奇怪的是这封"最后通牒"只发给G,未发给M,还是我多嘴通知了M。

既然最后通牒已下达,朋友G和M便着手准备过户,这才发现过去所犯下的拖延症必须用五万多元人民币来偿还,理由千奇百怪,譬如代收业主文件等。

据G的说法,一开始她还好言好语,但对方不理不睬,于是她也强硬起来,扬言要告开发商。

"跨国打官司很劳民伤财。"我说。

"我知道,只是吓唬一下,若对方真的耍无赖,我也无可奈何。"G答。

后来也不知怎么回事,反正打了折扣,从五万多降到三万多,G也就顺着台阶往下走(付钱了事)。

轮到M，她自然也付了那打完折扣后的三万多元"拖延费"，但由于种种原因，直到今年的一月中旬才办妥房产证（还是由我帮她去取）。

又过了一个多月，M和妹妹才终于飞来泰国，此行除了拿房产证之外，还想把空置多年的房子给出租出去。

讲到出租，我们这栋楼其实还满受租客欢迎，但提起租金收入却很肉疼，因为托管费高达25%，等于一年有三个月的租金都被中介拿走了。

再说说房东该提供的房内配套，除了家具、锅碗瓢盆外，小小的阳台竟然还要塞进观景桌椅和晾衣架，屋内还得配备保险箱。另外，某些消耗品也归到房东头上（譬如浴巾、床品等），日后若有维修费用的产生，自然也是房东支付，而中介打款给房东（仅限泰国银行账户）也不是免费的，每次收费250泰铢。

有人说泰国的房产是真的"不动"产，因为卖也卖不掉，租也租不出去，只能烂在手里，对此我有不同的见解。拿卖房来说，不是二手房难卖，而是中介卖新房能拿更多佣金，谁还会去推二手房？至于出租，那得看地点和屋况，两者若好，还是很容易出租出去，只是七扣八扣下，到手并没有想象中那么多。

再来谈谈需不需要买房的问题，如果打算长居泰国，我认为买房还是值得的，因为租房的费用并不低，如果想以租代买，房租将会是一笔不小的支出。

（注：在泰国，物业费由房东支付，而且还不少，加上托管费高达租金的25%，房东实际到手并没有那么多，但不代表租客就支付得少。）

有些人在网上宣称只要月付五、六千元人民币就能住上泰国大别墅，但这些人没算上买车钱、油费和花在交通上的时间损失，因为月租金五、六千元的别墅多在郊区，周边配套没那么好，上一次市区恐怕得有长时间耗在路上的心理准备。

曾有一位居住在泰国曼谷的博主分享他的租房经历，话说他曾在市区别墅和郊区别墅之间犹豫，最后还是租下比较便宜的郊区别墅，结果一个月下来，花在打车上的费用竟比租金还高（他在市区工作，不会开车），这么一合计，倒不如住在市区别墅，生活便利不说，还不用来回折腾……

如果您也有长居泰国的打算，我建议您先租房，等熟悉之后再决定买不买。倘若决定买房，房龄在十年内的二手房可以掏一掏，应该还能捡到性价比不错的，当然，不差钱的土豪可以直接入手新房，毕竟"住新房能旺3年"（台湾人的说法）。

24、三人成虎

泰国首都曼谷有个娜娜广场（Nana Plaza），这是一栋三层楼的U形建筑，内部有各种酒吧和钢管舞表演，算是红灯区吧！

本来一个城市有红灯区也不是什么新鲜事，毕竟食色性也，我甚至认为性工作者被集中管理是好事，然而就在不久前却发生一件匪夷所思的事——有个居住在曼谷的中国籍博主特意穿上性感的衣服走在娜娜区，当然收获不少男人的注目礼，后来她将那些大叔的猥琐模样上传至网上，借此提醒来泰旅游的女性要小心人身安全。

此视频一经公布，泰国官方炸了，扬言

要取消她的签证，这名博主才火急火燎地公开道歉。

该怎么说呢？女人穿着清凉地走在红灯区，基本就是昭告天下"我是卖的"，所以有男人投来色眯眯的眼光不挺正常？很明显，这位博主有"抹黑泰国赚流量"的嫌疑。

话说这已不是泰国第一次被抹黑，好比当年我在朋友圈发布自己在芭提雅买房的消息时，一些朋友很担忧，因为"听说"东南亚不安全，尤其是泰国，其中一位甚至给我发来一段公共摄像头拍下的画面，内容是某个白人女子在泰国的某个景点遇到一名泰国男人，彼此还打了招呼，待女人上山后，那名男子尾随其后，接着性侵了对方。无独有偶，当时网上还盛传一件非常诡谲的事——有个女人到泰国旅游，当她在试衣间试穿衣服时，一道暗门悄然打开，该女子就这么被拖了进去，接着成为暗网的拍卖物之一……

（注：暗网指黑暗网络，只能通过特殊软件、特殊授权或对电脑做特殊设置才能访问。）

关于朋友发来的视频，我不排除其真实性，但这类案件可不止泰国有，如果以此来判断泰国不安全，有失公允。再说那则传言，根本就漏洞百出，我只能呵呵一笑，但相信的人好像还不少，因为评论区几乎一面倒地互相提醒——泰国危险，千万别去！

我以为再怎么以讹传讹，终有消停的时候，哪知疫情过后，"到泰国会被嘎腰子"的说法紧接着甚嚣尘上，并且越演越烈，连我都忍不住替泰国叫屈，因为身处泰国的我并没有感觉到自己的腰子不保，相反的，这里就是一副岁月静好的模样，白天走在路上完全可以安然自若。

（注：嘎腰子是东北话，嘎是切，腰子指肾，所以嘎腰子的意思是切除人体的肾器官，好移植到患者身上。）

这件事离奇的点在于明明一开始传的是缅北嘎腰子，结果传着传着，另一个版本出现了——将人骗到泰国，再以陆路运输的方式将人送至缅北。可想而知，泰国就这么躺枪了，更离谱的是始作俑者（缅北）渐渐被人遗忘，反倒"祸从天降"的泰国从此与嘎腰子划上了等号，怎一个冤字了得？

"B杜，泰国安不安全？"打算来泰办理房屋过户手续的G问我。

"安全啊！"我答。

"不是说会噶腰子吗？"

"至少我的腰子还在。"

根据医学上的说法，肾脏的保存时间很短（顶多24小时）且取肾手术的难度极大，另外，配型也是关键，因为器官移植成功后还得克服移植后的排斥现象。换言之，噶腰子必须"天时、地利、人和"全配齐了才有可能大功告成，否则白噶了。

几个月后，换M来泰办理房屋过户手续，她问我开往芭提雅的大巴停靠站离我们住的公寓楼远吗？

"有一段距离，"我答，"妳何不在机场叫辆网约车？"

"如果不用等很久，我还是想坐大巴。"她答。

后来M与妹妹虽然还是叫了辆网约车，但据说在两个小时的车程中，她俩轮流睡觉，以防司机图谋不轨。

等抵达公寓楼后，M问我芭提雅几点天黑？还有，三巷有很多树林和空地，夜里行走安不安全？

我回答大概七点才会全黑，至于安全问题……夜里能不出门就不出门，举世皆然。

后来这对姐妹花多次打车上市区，每次总会给我发来网约车的照片（包括车牌号），我能明显感觉到她们的焦虑与不安……

其实放眼天下，每天都有烧杀抢掠的事情发生，这不光是某个国家的问题，全世界都一样，但为什么罪恶的印记偏偏烙在泰国身上？我认为起因很可能是为了流量，也许一开始并没有特意将枪口对准泰国，但见抹黑泰国能带来关注后，遂集中火力对这个国家造谣，口耳相传的结果便是每当提到泰国时，潜意识就会跑出来"不安全"和"噶腰子"，应验了那句话——三人成虎。

从我（长住居民）的角度来看，但凡有基本的保护意识，不刻意让自己置身于危险之中，泰国的安全指数还是挺高的，所以您若想到泰国旅游、陪读或养老，大可放心前来！

25、双刃剑

朋友M和妹妹好不容易来一趟芭提雅,抵达时已近下午三点,我问她俩今天有什么计划?

"我们想先打扫一下屋子,然后趁天黑前去7-11买点儿东西。"M答。

这句话的解读是"晚餐就以7-11的微波炉餐解决",我怎能允许这样的事情发生?

"待会儿我带你们去网红餐厅吃饭吧!"我说。

"远吗?"M问。

"在一巷,直线距离不远,但得绕。"

在《我的泰国养老生活1》一书中,我曾经提到我住的三巷与二巷呈U字型

（在国外，这种U型巷颇受欢迎，因为代表安静），坏处是想到四巷或一巷得回到大马路再重新进入，所以有些人便走起捷径（穿越树林），这种"省时"现象不止发生在三巷与四巷之间，二巷和一巷之间也是。

"瞧！从这个树林穿过去便是一巷，要试吗？"我问。

两姐妹看了树林一眼后，表现出兴趣缺缺的样子，这正合我意，因为我怕草丛里有蛇。

既然达成共识，我们仨便绕"远路"走，途中我还介绍了在《我的泰国养老生活1》一书中所提到的"梦中情屋"。

十几分钟的步行后，我们终于抵达网红餐厅，它就盖在悬崖上，底下是浩瀚大海，可见景色会有多壮观，难怪拍照打卡的人络绎不绝。

就在用餐期间，M提到若有机会的话，她想把两个孩子（双胞胎）送出国。

"送孩子出国是把双刃剑，"我有感而发，"因为他们很可能接受西方思维，包括父母与子女的关系。"

传统的中国思维是父母养育子女，子女为父母养老送终，两者之间的边界感相对模糊，可是到了西方却大不相同，举个例子，疫情期间我和老公飞到英国，当我们和女儿外出用餐时，她问起要如何买单的问题。

考虑是自家人，我答："由我们来买吧！"

"妳确定？我可以付我的那一份。"

女儿的这个声明（付掉自己的那一份，而不是全买单）倒不如不声明，因为我反而感觉不自在。

吃完饭也买完单后，女儿跟我们道谢，我心想怎么这么生疏客气？以前（她未成年时）不一直都是我们付？也没见她道谢过。

后来行经中国超市，我们进去逛了逛，女儿买了一大瓶台式奶茶。

"妳喜欢喝奶茶？"我问。

"不是很喜欢，但我男朋友没喝过，所以想让他试试。"

听完，我的内心很凌乱，好家伙，怎么不见妳帮父母买奶茶？

至于儿子,他当然也是西方思维,好比我问他会不会照顾年迈的我和老公?一开始的答案竟然是NO(这无疑是颗原子弹,把我炸得面目全非)。等我把24孝的故事举例完毕,再述说我和老公的不易,他终于松口,不过也只是从"不照顾"变成了"请人照顾"。

说这些可能很感伤(譬如怀疑自己含辛茹苦为哪般?),不过我很快就接受了,因为是我亲手把他俩送到英国,那么他们拥有英国人的思维不挺正常?如果居住在西方,心却向着东方,那才需要担心,因为这样的人很难融入当地社会,久而久之,心理健康会亮起红灯,甚至影响到正常社交。

与此同时,我也明白了两个道理,一是为什么西方人会把成年后的子女请出家门;二是为什么西方人比较不鸡娃。

(注:鸡娃是网络流行词,指父母望子成龙,不断地给孩子安排各种文化课和才艺课。)

谈到西方人为什么会把成年后的子女请出家门,"需要自立"当然是原因,但主因也许跟钱有关,因为西方人没有赡养父母的观念和义务,所以父母得自己攒钱养老,当然不可能再负担成年子女的开销。至于为什么不鸡娃？表面原因很多（譬如给孩子一个快乐的童年等），但我认为仍逃不过钱的因素，因为教育支出是个无底洞，在"孩子无赡养义务，自己得攒钱养老"的前提下，任何人（尤其是中产阶层及其以下）都不会盲目"投资"，毕竟这项"投资"在账面上的回馈很小，甚至没有，到最后还可能落得"人财两失"——钱没了，子女也躲着不见面（因为不愿面对父母捉襟见肘的样子）。

以上是从理性的角度来分析，若要谈感性（好比亲情），那就当我没说，因为爱是无价的。

简言之，如果时光倒流，我不会在子女的教育上做"过度"支出（好比读私校可，但才艺方面只需学个一、两样，一旦没了兴趣就停，反正也不靠这个谋生）。那么省下的钱做什么？当然是提高生活质量，同时也为未来的晚年生活做打算。

庆幸的是经过盲目撒钱在两个孩子身上后，我和老公依然存下足够多的养老钱，这是个不错的感觉，因为人到中老年，也需要活得硬气和体面，如果此时还需要仰赖亲人给生活费，难免憋屈。

随着时代的变迁,想必很多人都已意识到"养儿防老"的式微(不论有没有把孩子送出国,这个趋势是改变不了的,最后还得靠自己),所以新手父母在养育下一代时不妨将此点考虑进去,再决定要不要鸡娃。

(注:从某方面来说,这也算是好事一桩,至少新一代不用没日没夜地学习,而父母也能活得轻松自在些。)

26、最美的事

昨天，朋友问我在芭提雅有没有交到"华人"朋友？我回答没有，因为平常寒暄的皆是"非华人"，多以英语交流，逢上只会说泰语的，那就只能微笑或道上一句"萨瓦滴卡"。

话说我们楼里其实是有两户中国人，一户因家里的狗老是乱叫，被物业警告要罚款后，索性另买别墅搬了出去；另一户则是个小伙子，记得我与他的第一次相遇发生在电梯里，他正刷着国内视频，我便用普通话跟他打招呼，结果他露出惊恐的表情（到现在，我还是不明白他在害怕什么），后来再见时，他总有意回避，我也就放他一马，当作没看见。

"妳不无聊吗?"朋友接着问。

"无聊就写作呗!如果连写作也无法排解,那就去旅行。"我答。

对于劳苦大半生的人来说,"躺平"和"睡到自然醒"大概是全天下最美的事,但对已经"躺平"和"睡到自然醒"好一阵子的人而言,相信我,那可一点儿也美不起来,如果不能及时找到寄托,绝对会像过了花期的花一样,很快就蔫了,这也是到泰养老的我为什么还找事情做的原因。

讲到寄托,其本意是心灵的依靠,作用是疏导负面情绪,从而缓解内心的不安。以我个人的浅见,这个寄托最好还具备挑战性,举例而言,如果平常喜欢写写小作文,那么就把出书当成目标;倘若爱游山玩水,那么就尝试当旅游博主;宗教信仰也是,与其当一名安静的信众,倒不如成为其中的活跃份子,要的就是这份使命感,或者可称之为包袱……

也许有人会说拼死拼活大半辈子,怎么到了退休年纪还主动去揽包袱,岂不是傻了?

其实此包袱非彼包袱,年轻时的包袱更多来自经济压力,而退休后的包袱则是因为惟有如此,才能带来更好的体验感,跟"有没有收入"或"收入多少"没多大关系。换言之,年轻时想做却因种种原因无法实现的事,都可以在此阶段完成,还不用担心家里的米缸有没有米,岂不美哉?

27、苦难终有尽头

前几天,我在网上看到一名年轻人发出感慨:想到前途茫茫,苦难好像没有尽头,倒不如死了算了!

这段感言拨动了我内心里的那根弦,因为年轻时的我也曾发出类似的感叹,不明白为什么每天都要面对那么多讨厌的人和应付那么多的麻烦事?即使一年多前,我还身处"水深火热"之中,没有一天不生气,但现在的我却不一样,已经很久、很久没发火了。我试着去寻找个中缘由,得出以下结论:

1、以前住在大城市,人与人之间的距离近在咫尺,甚至谈得上挨肩并足,稍有不慎，极易发生口角与冲突。如今我居住在芭提雅，虽然这里也有热闹区域，但空旷处更多，当人与人之间的距离拉开后，压迫感也随之消失（讲得直白点儿，想吵架都不知找谁吵去）。

2、泰国人生性不喜欢吵架，而且多数人的脾气极好，所以只要不踩到他们的底线，基本可以相安无事。

3、人到了一定岁数，记忆力大不如前，坏处当然显而易见，但好处也会有，那就是连不愉快的部分也一并忘了。即使偶尔忆起，大概也会被自己掐死在摇篮里，因为回忆的过程很伤神，干脆就不想了。

简言之，如果那名网友也能像我一样熬到退休的年纪，苦难不一定没有尽头，相反的，也许真正的惬意人生（可以我行我素）才刚开始。

28、有关泰国的电话卡

长居泰国，拥有当地的电话卡必不可少，比较的结果，我决定使用每月150泰铢的那一款，可以无限上网和接听电话，缺点是无法打电话（这不是什么大问题，因为我很少打电话，即使要打，也会选用微信或What's App的通话功能）。然而我跑了市区的好几家7-11，硬是没有我要的这款，反倒在最靠近我家的7-11找到了。

一个月过去后，我想在网上为手机续费，结果套餐里根本没有150泰铢的选项。无奈之下，我只能多付费，但心里难免嘀咕——明明选的是每月150泰铢的电话卡，怎么货不对板？

到了第三个月，我决定在自己的电信账户内存进150泰铢（而非直接购买其他套餐），结果很令人满意，原来这才是正确操作！

接下来的九个月，每月我都会往电信账户里打入150泰铢，一直以来都是成功的，然而这个操作却在2月28日这一天失灵了，于是我上营业厅查询。

"我这里显示您在2月28日打了一通30分钟的电话，花费120泰铢，加上其他支出，所以目前的账户余额为0，导致无法上网。"工作人员解释。

我选的套餐没有拨打电话的功能，怎会有此项支出？可惜我没在第一时间想到这个，反而去翻通话记录。

"看！"我把自己的手机递过去，"2月28日一整天都没有通话记录。"

"那我不知道，"她答，"也许原来的通话记录被删除或者有其他原因。"

此时，老公往对方的屏幕一瞧，发现电话打出去的时间和我的付费时间相差整整2分钟，而且通话时间不长不短，正好30分钟，这也太不正常了！

针对老公的疑问,对方重复说过的话——不知道。

"如果电话打了,又是打给谁?"老公又问。

"从这里看不出来。"

"这分明就是欺骗!"老公动怒了,"请归还我们的150泰铢!"

(注:老公之所以动怒是因为不论住过的英国、新西兰还是澳大利亚,都有类似的陷阱,最终总得花点儿钱才能罢休。)

有关我们的退费请求,那女的直呼不可能。我也不跟她扯了,直接表示要投诉。

"可以,但网上提交不会马上有结果。"她答。

"不,我要和妳的主管讲话。"

这名工作人员愣了一下后,要我们稍等,结果这一等就是天长地久,不过也不是全然没好处,因为我的脑子逐渐清晰起来。首先,我的手机号刚好使用一年,倘若当初的套餐规定只能使用一年,那么从第13个月起,账户里的150泰铢并不会"自动"转换成我要的套餐,一旦有支出（譬如打一通电话或上一次网），费用就会从账户里扣，而且单价比购买任何一款套餐还要贵；其次，别人可以质疑我删掉通话记录，但我不可能连自己有没有删都不清楚，显然，那通电话是别人硬栽在我头上，而最大的嫌疑人便是电信公司；其三，如果电信公司存心要讹客户，这吃下去的钱还可能吐出来吗？答案已经昭然若揭。

我把自己的分析告诉老公，他也同意，并且问我想怎么办？

"现在即使主管来了，也改变不了什么，倒不如通过柜台支付150泰铢，看看这次是否会有'幽灵'电话打出去。"我答。

主意一打定，我们重新拿号，再回来时，恰巧与原先的那名女员工打上照面，她刻意转移视线，老实说，还真有点儿"做贼心虚"的样子。

轮到我们上柜台时，我把前因后果都告诉柜员，接着强调我就要150泰铢的那款套餐。

（注：此款的性价比最高，大概电信公司也意识到"赚"少了，如今再也找不到这款套餐。）

办好后，我收到手机短信，上面明确写着此套餐"自动"形成六个月。换言之，六个月后我若网上支付150泰铢，并不会"自动"转换成我要的套餐（果然如同我之前的猜测一样），所以还得再上营业厅办理。

走出营业厅，我忍不住抱怨："那名女员工肯定知道是怎么回事，却还质疑我们删了通话记录，可真会演戏！"

老公告诉我——电信公司之间的竞争很激烈，所以不论哪家，或多或少都有猫腻，好比他购买的套餐，每个月会赠送一张200泰铢的麦当劳抵用券，可是申请抵用券时，往往无法提交，有一次，他竟然连续提交二十多天才成功，这不是变相欺诈吗？再举一位英国官员的例子，此人到国外出差，回国后收到约11,000英镑的账单，理由是打了国际长途电话。这位官员承认的确打了几通，但不相信能达到天价账单的程度……

"那名官员后来有没有付那笔费用？"我问。

"不清楚。"老公答，"还好妳的套餐是预付费，顶多损失150泰铢，如果是后付费，后果可能超出想象。"

好奇怪！当听说有人比我还惨时，我的心情竟然转阴为晴，甚至有余力可怜起那名女员工。

"泰国是佛教国家，那个女人昧着良心做事，当面对佛祖时，内心应该很痛苦才是。"我说。

"妳疯了吗？"老公睁大眼睛，"那样的人会感觉痛苦？"

其实憎恨对方还不如可怜对方，因为憎恨会带来精神内耗，而我实在"耗不起"，所以宁愿找个台阶下，说到底，还是心疼自己。

29、灵异泰国

傍晚，我出外遛狗，当行经快完工的楼盘时，不出意外，我又看到三三两两的工人在淋浴，身上只着一件子弹型内裤，任由水管的水冲刷身上的污秽与汗水……

如果您以为这样的画面很养眼，那就大错特错了，因为泰国的建筑工人一般偏瘦小，与想象中的八块腹肌或人鱼线有很大的出入，所以我的"视而不见"与"坐怀不乱"也就不难理解了。

就在哗哗哗的水声中，我走向二巷底，一转弯，与Ahha（俄语，读作Anna）打上照面。

"嗨！妳还好吗？"

我之所以这么问，乃因她看起来很不好，不仅衣宽带松，两颊还深陷进去，显得原本的大眼睛更大，像两个铜铃似的。

"不好，我才刚出院没多久。"她答。

Ahha本来与我住在同一栋楼里，由于她的房东在租约到期前涨房租，她不得不从三巷搬到二巷，我也因此有好些天没见到她，原来她住院去了。

"怎么回事？"我问。

"医生说我被携带某种病毒的蚊子咬了。"

"在芭提雅？"

"是的，这些日子我一直待在芭提雅，哪里也没去。"

听完，我倒吸一口凉气，如果芭提雅的蚊子如此可怖（可怕又恐怖），我也极可能成为下一个受害者，这如何是好？

大概我的面部表情泄了密，Ahha要我不用担心，因为携带此种病毒的蚊子万中无一，也不知道为什么，偏偏让她碰上了。

想起去年的九月份，她也因不明原因的发烧、咳嗽而形销骨立，当时我还怀疑她染上了新冠病毒，结果她斩钉截铁地否认，因为已经做过测试了。

"那么妳的感冒症状会不会是过敏引起的？"我接着问。

"我也这么猜测，但医生说如果想找出过敏源，得做一千样以上的测试，我没那么多钱，只能作罢。"她答

没想到康复后的Ahha又遇到"寥若晨星"的蚊子，这运气也没那个谁了。

"妳要不要去拜个佛？"我说。

"拜佛？为什么？"她问。

"呃……祈求平安啊！"

"哈哈！不用了，我信上帝，祂会保佑我。"

与Ahha道别后，我有种"话说到一半倒不如不说"的感慨。

是这样的，泰国向来有"极阴之地"的说法（讲白了，就是阴气重）。换言之，所有的信仰与"专治本土各种不顺"的当地神明一比，通通得往后站，这也是我建议Ahha去拜佛的原因，说是"入乡随

俗"也好，说是"求个心安"也罢，反正利多于弊。不过Ahha显然没听出我的弦外之音，依然只信仰她的上帝。

讲到泰国为什么叫"极阴之地"？依据风水和方位理论的说法，泰国处于坤地，这个位置被认为阴气重，造成的影响便是整个国家充满阴柔之气（女性多温柔敦厚，男性则相对阳刚气不足），与此同时，灵异现象也会比较高发。

我不懂风水和方位理论，所以不好妄加评论，不过泰国人的确予人"中气不足"的感觉，至于灵异事件，我本人没遇到过，只是"耳闻"过一些，其中就包括最著名的两个——鬼妻娜娜和古曼童。

据说鬼妻的故事发生在战乱年代，身怀六甲的娜娜苦等从军的丈夫回家，好不容易熬到生产，命运却再度弄人，娜娜最后带着肚里已经成型的胎儿一命呜呼。

娜娜的丈夫归来后，并不知道自己的妻子和孩子已去世，仍然与鬼魂同处一室。同村的人告诉他真相，他嗤之以鼻，最后还是自己发现了不对劲，仓皇躲进寺庙中。后来一位强大的驱魔人抓住娜娜的鬼魂，把她封在一个瓦罐里，扔进帕卡隆运河。

（注：故事的后半段存在地域上的差异，不过这不妨碍它成为泰国国家级非物质文化遗产之一，可见故事的真实性已被官方认可。）

如今的鬼妻娜娜庙已成了求子、求财、招桃花和斩渣男的民间信仰场所。

另一个有关古曼童的故事也很惊悚，传说泰国的一位将军掳走战败国公主，一年后，已经成为准妈妈的亡国公主为报国仇家恨，偷偷在将军的酒里下毒，哪知早有防备的将军反杀公主，并将未成形的孩子剖腹取出，制成干尸，再请大师做法加持。一通操作下，自带母胎怨气和将军杀气的婴灵（古曼童）便诞生了，将"它"应用在战场上，能吓退不少敌方战士……

发展到后来，用不同的材料制成孩童的模样，再请高僧或法师加持，"娃娃"便成了古曼童，经供养后，有保平安、招财、助运、避邪、通风报信、抹黑对手、报复等作用（简直无所不能）。然而有得必有失，如果操作不当或事后未满足古曼童的愿望，也会遭到反噬，下场据说会很惨。

如果鬼妻娜娜的故事算是"人鬼情未了"，古曼童其实更像是巫术的一种，而讲到泰国巫术，我和老公可是一点儿也不陌生。

"诚实点儿，婚前妳是不是对我下降头了？"婚后某天，老公问我。

降头术是泰国巫术中最为出名的一种，乃利用人身上的指甲、头发、血液、唾液……等作为引子，通过特定的仪式和咒语给人下降头，达到施法者想要的目的（好比让人爱上自己、使人生病或死亡等）。显然，老公的意思是我对他下降头，好让他稀里糊涂地爱上我。

"拜托！给人下降头会减少寿命，我才没那么傻。"我答。

"我不管，妳肯定是给我下降头了，因为我原本打算33岁再结婚。"

老实说，我不清楚他为什么执着于"33"这个数字，但他在32岁时娶了我，也就差了一年，至于吗？

"我才觉得是你给我下降头呢！我原本打算非富不嫁，还是顶级的那一种。"我说。

这样的拌嘴其实说明了一件事——老家在英国的他和老家在台湾的我皆知道"降头术"，可见这玩意儿有多么声名远扬！

如今的我们身处在宗教气息浓厚且巫术文化不灭的泰国，那滋味很难形容（怎么正邪双方皆能在此安身立命？），只能说这真是一个神奇的国度！

30、泰国医疗之我见

一个月前,老公曾出现疑似感染新冠病毒的症状,在床上躺了一天半后,成功把我也给传染了。

我病了四天后痊愈,老公虽有好转,但仍咳嗽不止,直到昨天,才终于决定上医院。

实话说,上医院的这个决定很不寻常,因为每当身体不适时,老公都会选择到药店买点儿成药吃。显然,这次成药也无法缓解他的病情,才不得不上医院。

或许您会问为什么不上诊所?泰国的诊所属于私人性质,费用会比公立医院贵,却远低于私立医院,缺点是不保证医生会说外语,同时也看不了大病。

（注：我和老公不会说泰语，加上已经病了大半月，应该不算"小"病，所以还是上医院为妥。）

在泰国，公民上公立医院看病每次只需花费30泰铢，也就是人民币6元左右，这是根据2001年起实施的"30泰铢医疗计划"。到了2019年，这项政策还惠及到东盟国家的公民，至于非东盟国家的外国人，原则上当然不能禁止，只是费用会高出许多，加上还得排长队和解决语言沟通问题（公立医院的工作人员同诊所一样，大多不会说外语），所以外国人普遍选择上私立医院看病。

泰国的私立医院有服务好、软硬体设备齐全、语言沟通障碍小等优点，但收费也是真的贵（不过与其他国家的私立医院一比，又显得小巫见大巫）。

我和老公皆是泰语哑子，加上不愿花一整天的时间排队（据说如果加上各项检查，很可能一整天都要耗在医院里），所以上私立医院成了唯一的选择。

芭提雅的私立医院总共有3家，分别为曼谷医院（芭提雅分部）、芭提雅纪念医院和芭提雅国际医院，我们去的是芭提雅国际医院。

没想到一进医院大厅，瞬间就有来到咖啡厅的错觉，因为这里的设计是沙发座加遮阳伞，大片玻璃落地窗外则树影扶疏，仿佛下一秒钟，服务员就要端上茶水和装满点心的三层盘……

与美丽且温馨的大厅不同，这里的工作人员稍嫌积极性不足，属于"有问有答，不问则哑口"型。

等老公填完个人基本资料，刚一坐下，工作人员便过来喊人，这效率简直无缝衔接。

接下来便是医院的制式流程——量体重、血压和体温。做完这些，等了约莫两分钟就被请去看诊室，病患之少可见一斑（不过也有可能我们来的时间点恰好处在医院"不忙"的时候）。

替老公看诊的是一名女医生，态度相当友好。在听完陈述，又通过听诊器听诊和看过喉咙后，她让老公先打个点滴，回家服药过后若没有明显好转，再上医院复诊。

老公打完点滴后，就来到"可怕"的付费环节，明细上写着看诊费1630泰铢，药品（包括点滴）5000泰铢，总共6630泰铢，折合人民币约1326元。

看完，我和老公大松一口气，因为我俩皆没买医疗保险，所以有点儿害怕收到天价账单。还好这个费用虽不便宜，但也还不到让人傻眼的程度。

讲到医疗保险，一开始我是想买的，毕竟人在异国他乡，有了医保，也算买了个心安，但老公不同意，他的观点是保险费会随着年纪和过往的就诊记录而增加保费，换言之，羊毛出在羊身上，一点儿便宜也没占上。

以上是老公的个人看法（不同意者，请以您的意见为最高准则），不过他也承认倘若身处美国，还是买个保险妥当，因为美国的医疗账单超级昂贵，到了令人瞠目结舌的地步。

看过医生后，老公的身体状况明显好转，让我们感觉付出去的钱还是值得的。

今日，心血来潮的老公忽然对我说："告诉妳一则网上消息——有个住在泰国的洋人需要做肿瘤切除手术，私立医院的报价是500,000泰铢，而公立医院的报价是19,000泰铢，两者相差26倍之多。此人后来决定上公立医院，术后恢复情况良好。"

我也曾听闻泰国的私立医院与公立医院在医疗技术方面没有太大差异，所以只要不怕等，同时能忍受硬体方面的简陋，不失为经济实惠的选择。

其实像泰国这样的小国，一开始我并不对他们的医疗水平抱有任何期待，可是结果却大跌眼镜。据说在全球医疗体系中，泰国不仅排得上号，还是拔尖的存在，好比美国杂志《CEOWORLD》将泰国列为2019年医疗体系最佳国家中的第六位，而在2021年全球卫生安全指数中，泰国名列第5，连评价医疗机构最权威的标准JCI，泰国就有64家医院和诊所获得，这个数字在全球排行榜中位居第4。

瞧！是不是很令人惊讶？反正查找资料中的我不仅被惊艳到，还有种"瞎猫碰到死耗子"的雀跃感，因为来泰养老前，我可没把医疗水平给考虑进去，而这偏偏是银发族最该关心的，您说这是不是"好运一来，挡都挡不住"（还是傻人有傻福的那一种）？

31、轮流的富贵

很久以前,我曾看过一篇报道,说的是泰国的选美比赛冠军夺冠后回家叩谢母亲(她母亲是一名清洁工,含辛茹苦地拉拔她长大)。或许嫌文字说明不够,还附上了照片,这下子全泰国大概都知道她的出身不好。

看完报道,我总感觉哪里怪怪的,虽然这是饮水思源的表现,但似乎不太符合人性,因为人性会把不美的部分刻意隐藏起来,可是这位选美冠军却反向操作,让人有些看不懂。

来泰养老后,我有时也会被类似的反常现象给搞迷糊了,好比"明明看起来很穷,却笑得最灿烂",代表人物便是住在我家附近的"微笑阿姨"。

"微笑阿姨"是我给取的，因为两人语言不通，不知她姓啥叫啥，由于经常见她微笑，索性就叫她"微笑阿姨"吧！

记得第一次见到这位阿姨时，我右手牵着狗，左手提着两袋垃圾，她冲着我笑，同时主动接过我的垃圾袋。

当时的我有点儿懵，甚至怀疑她认错人了，直到她往我们公寓楼的垃圾收集区走去，并且徒手掏"宝物"，我才知道她是做资源回收的（俗称捡破烂）。

从此以后，不论我何时出门，遇到她的机率都很高，观察的结果是——她一天总要出门数回，因为动作慢的话，就只能捡别人挑剩的。

（注：我家附近做资源回收的有3人，微笑阿姨只是其中一位。）

刚开始，我还会用简单的英语与微笑阿姨沟通，发现行不通后，改成肢体语言，孰料连肢体语言也有"鸡同鸭讲"的时候，并且差点儿酿成无法挽回的局面，请听我道来……

那天，我出门遛狗，很巧地又遇上微笑阿姨，她指着我的狗一阵输出，虽然听不懂，但基于"礼尚往来"的原则，我还是无话找话。

"You always smile." 我说。

怕她不了解，我还刻意在自己的嘴巴上做了个打勾的动作（代表微笑），结果她的笑脸瞬间消失了，同时把已摘下的口罩又重新戴上。

见状，我暗叫不妙，这岂不是嫌对方脏，让她把口罩戴上？

我赶紧喊No，并且用更多的英语轰炸她，还好她"大概"意识到自己会错意了，没让误会进一步扩大。

后来，我俩皆很有默契地省略"萨瓦滴卡"以外的寒暄。

这一天，我和我家狗子弯进微笑阿姨住的"小小巷"（介于二巷与三巷之间，那里的房子看起来像年久失修的违章建筑），碰巧见到她与一名年轻女子在讲话，看样子应该是她的女儿或儿媳，因为微笑阿姨经常带在身边的外孙或孙子，此刻正抱着年轻女子的大腿不放。

"萨瓦滴卡。"微笑阿姨看到我，首先向我问好。

我回礼后，望向那位大约只有20岁出头的女孩，她也向我问好，脸上非常平静。

之所以用"平静"二字来形容，乃因当下所处的环境非常糟糕，不仅房屋简陋，四周还堆满捡回来的垃圾，以致虫蝇乱飞，气味也不好闻。对于自尊心爆棚的年轻人来说，自己的家如此寒酸与脏乱，但凡敏感点儿，都会想挖个地洞钻进去，可是我却完全感觉不到小姑娘有任何困窘。

结合一开始所提到的选美冠军，我很好奇是不是"相对贫穷"的泰国人皆"平静且欢喜"地接受自己的命运？

怀着这个疑问多日后，我决定找人解惑，对象直指正在收我水电费的A小姐，并且未雨绸缪地谎称朋友在写论文，托我做问卷调查（如果实话实说，显得唐突）。

"嗯……"A小姐思考了一下，"我不能代表所有的泰国人，如果妳只是问我个人的话，我的答案是Yes。"

"所以妳不会因为自己出身不好就自卑，也不会因为别人出身不好就看轻对方，是这个意思吗？"

"是的，一个人出身好不好，那是前世种下的，只要这辈子多行善事，下辈子也能投胎好人家,因为富贵都是轮流的。"

"轮流是什么意思?"

"就是大家轮流当有钱人,如果这是妳指的出身好。"

我被当头一棒,照这个思路,还真不用自怨自艾或羡慕他人,因为别人正在享受的,也许自己上辈子就已经经历过,甚至有过之而无不及。

大概见我忽然不声不吭,A小姐有点儿忐忑地问:"不知道我的回答有没有帮助到妳的朋友?"

"Yes. Yes. Yes."我点头如捣蒜,"帮助太大了,谢谢!"

离开物业办公室后,我有种豁然开朗的感觉,因为A小姐的言论不仅解开了心中谜团,还启发了我,您呢?是不是也作如是想?

32、WHERE ARE YOU FROM？

疫情期间，我曾为了要不要花近两千泰铢去买一双一字拖而犹豫，老公推波助澜，表示这种鞋子是EVA塑料制的（由乙烯和醋酸乙烯酯共聚而成，通常被应用于中高档的旅游鞋、登山鞋、凉鞋、拖鞋等），可以穿一辈子都不会坏。

基于"可以穿一辈子都不会坏"，这个价格显得相当亲民，于是我果断买下。哪知不到三年，"百年鞋"的左鞋底就破了一个洞，把我惊得目瞪口呆。

"你不是说可以穿一辈子都不会坏吗？"我质问老公。

"正常情况下，这种东西应该不会坏才

是。妳看我的鞋都已经穿了五年多，一点儿也没坏。"

这也是我的迷惑之处——左鞋底已被磨薄，甚至出现破洞，但右鞋底却完好无损，莫非我走路时把重力都压在左腿上？

Anyway，这鞋是不能再穿了，我只好回原来的店鋪再次购买。

选定后，售货员问我："Where are you from?"

"嗯……嗯……嗯……嗯……嗯……Taiwan。"

我之所以下不了决定，乃因有太多答案同时出现在脑海中，本来想答新西兰（我拿新西兰护照入境泰国），但"明眼"人一看就知道我不是欧裔，肯定会投来怀疑的眼光；接着我想答台湾，但又担心售货员听成Thailand或者压根儿就不知道台湾在哪里。

这两个答案都被否决掉之后，我想着要不就回答中国好了，可是万一对方要我出示中国护照（譬如能打个折扣什么的），岂不穿帮？

琢磨了几秒钟，我还是秉持"诚实为上策"的原则，给了"台湾"这个答案。

售货员听完，在数张纸之间来回翻找，找到后，在上面打了一个勾（就这样？我以为会有优惠或赠品，原来只是做市场调研）。

回家后，我问老公："当别人问'Where are you from？'时，这是问国籍还是血统？"

"很难说，通常是问在哪里成长。"

"可是……"

"我知道，我知道，"老公显然比我还急，"成长地不一定与国籍或血统一致，譬如某人在A国成长，但父母来自B国，而自己拿的是C国护照。如果这种情况发生，那也只能道出这个长故事，然后交由对方判断。"

哎！难怪我们的一双儿女会讨厌被问到这个问题，因为讲到血统，父亲是英国人，母亲是台湾人，曾祖父有部分爱尔兰血统，而拿父辈的姓氏来说，明显来自北欧。若拿地域说事，台湾、新西兰、澳大利亚、中国、英国皆住过，所以论在哪里成长，这要如何回答？再说国籍问题，两个孩子是英国与新西兰双国籍，换言之，即使用最简单明了的护照来验明身份,他俩也无法"笃定"地回答是哪一个。

这大概是异国婚姻的麻烦之处吧?!

33、别离

今天遛狗经过一处无人居住的别墅,房屋不咋地,但胜在地大,果树也多,肉眼能判断的有椰子树、香蕉树、木瓜树和芒果树,而且每一棵都硕果累累。

当我正想着"这么多水果,没人来摘多可惜"时,Maria朝我走来,并且亲切地问我好不好?

"不好。"我答,"今天收到物业的罚款通知,因为狗随意小便。"

"是罚妳还是罚狗?"她问。

老实说,这个问题我有点儿转不过来,当然是罚我啰!狗会付500泰铢吗?

"罚我，"我答，"因为我是狗主人。"

"是尿在楼里吗？"她接着问。

"不是，尿在户外。"

"这太不公平了！狗想尿就尿，能忍到户外就已经很不错了。"

提起被处罚这件事，说我对也不对，说我不对也对，因为物业把"禁止宠物大小便"的牌子立在草坪上，我想当然尔地认为只要避开草坪就行，哪知草坪的围挡也算在内，这就有点儿说不清了。

谈完不开心的事，我告诉Maria明天我要上吉隆坡玩，她则告诉我这个星期天她要与老公去越南。

"度假？"我问。

"不算是，因为我们已经在泰国居住了很长一段时间，很难再申请到便宜的签证；越南则相对容易，只需网上申请，就能得到3个月的旅游签，所以我和老公打算到那边看看，如果能适应就留下来，不能适应再回来。"

这个回答在我听来就是"永远不会再见面"的意思，因为打从搬到芭提雅，我就不断地认识人，再不断地Say Goodbye，那些说过会回来的，直到现在连个影子也没有（第18章提到的荷兰女士除外）。

想到Maria极可能也是其中一员，我多少有点儿依依不舍，毕竟这世上说得上话的人并不多。

"你们打算到越南的哪个城市？"我接着问。

"胡志明市。"她答。

我恰好去过胡志明市，那个城市还行，外国人应该可以适应。

听完我的评价，Maria大松一口气，因为她和老公都没去过越南，心中难免忐忑。

"那么首都河内呢？"她又问。

"那个城市对外国人来说可能有点儿无聊。"我诚实回答。

记得抵达河内的第二天，我就萌生退意，无奈酒店钱已付，只能硬着头皮待下去。

"那里的人呢？"Maria三问。

老实说，越南人比较内敛，也很少笑，

我甚至感觉到他们对外国人普遍怀着戒心。

"当然没有泰国人nice。"我答。

"嗯……"她陷入沉思,"事情到了这个地步,那也没办法了。"

我猜想她的意思是即使越南人没那么友好,也只能忍下去,毕竟不是每个国家都对俄罗斯人民敞开大门(以目前的战乱来说),何况芭提雅的房子已退租,机票和酒店钱也支付了,现在只能往前走了。

其实若让我站在他们夫妻俩的位置,肯定会忧心一百倍,因为有家不能回(祖国正在打战),收入又不稳定,纵使好山好水,心情大概也美丽不起来。

"对了,"我忽然想起,"到了越南,你们打算如何谋生?"

"我老公希望能继续从事摄影工作,如果不行,那就教书。"

"教俄语。"

"不,教英语。"

为了让这个回答更具说服力,她还列举她老公得到过的证书。

这样的说明其实没必要，因为小女曾在国内教过英语，所以我相当清楚某些补习班只要肤色对了就行，跟国籍与教学能力无关。拿Maria的老公来说，他是白皮肤，很难从外貌上判断是不是来自英语系国家（这个很重要，因为补习班只要学员"相信"教员来自英美澳加新即可），意思是她老公获得教职的可能性相当高。

"既然这样，我祝妳在越南过得愉快。"我说。

"谢谢！我也同样祝福妳。"她答。

鉴于明天我就要出发去马来西亚旅游，再回来应该不会再见到Maria，这样的道别其实带着感伤。

回家后，我告诉老公又有人离开芭提雅了。

"这很正常，除了本地人，谁也没有老死在这里的打算。"他答。

"你呢？"

"我也是，如果妳先死，我会回英国去。"

这个答案很出乎意料，我原以为老公想要老死在泰国。

"英国好冷,东西又贵。"我说,"你回去干嘛?"

"人很老很老的时候,总会想回到出生地。我不知道自己最后会不会回去,但那是一种选择。"

这大概就是所谓的"落叶归根"吧!其实我也想过回台湾待一阵子,至少"日啖美食"的愿望可以实现,但老公不想回去(不是台湾不好,而是其他原因),所以只能缓缓再说。

"告诉你,今天楼里又来了一条新狗。"我接着说。

"妳的意思是又有人搬进来?"老公问。

"是的,狗主人是个年轻小伙子,顶着一头卷发,他的狗是斗牛犬。"

"是吗?"老公的视线重回电脑屏幕,"家里的狗又有新朋友了。"

打从搬到芭提雅,老公就已经断绝社交,这可以从上面的对话中看出(他不说自己又有新朋友,而是说家里的狗又有新朋友)。不过我感觉他过得挺好的,这也反映了某类人的养老选择——不再社交,安安静静地走完人生的下半场。

这样的养老方式其实也没什么不好，毕竟与人相处是把双刃剑，若没把握全身而退，做壁上观又有何不可？您说是吗？

34、忙碌的早晨

从吉隆坡回来后的次日，我遛狗遛到家附近的橘色楼房，从里面走出来一位男士，个子不高，但颜值很高，年轻时应该是个美男子。

"妳的狗想尿尿。"他经过我身旁时说。

我苦笑一下，不置一语。

（注：我家的狗很喜欢这栋楼的楼前花台，时不时总要嗅一嗅，尿尿倒未必。）

那男人丢完垃圾后踅回，接着打开话匣子。这一开，就像泄洪的洪水，足足讲了半小时。究竟说了什么？从表面上看，洋洋洒洒的，其实不外做自我介绍，容我罗列在后……

· · ·

Jio，意大利人，出生在靠近米兰的一个小城镇，后来搬到弗罗伦斯附近。毕生做的是自行车生意，鼎盛时期，手底下曾管理着四百多名员工。

当中国经济崛起时，他把订单拿到中国的工厂制造，再运回意大利出售，省下了不少人工费。几年后，意大利政府开放啥啥政策（没听懂），他失去了竞争力，索性飞到曼谷做生意。

在曼谷待了五年后，他来到芭提雅，逢上疫情，就这么留了下来。由于拿的是旅游签，等疫情一过，每三个月都得按规定出境后再入境。这个月的15号，刚好又满三个月，代表他又得出境，不过这次他不再到周边国家过渡，而是回到意大利，目的是出售名下房产（他有多套别墅和公寓），等拿到钱后，再重返泰国。

"到时候有了钱，你可以买个公寓，不用再租房住了。"我说。

"这是一个选择，不过买了房，也等于把人给困住了。"他答。

于是我建议他买个小户型，花费没那么多，他依然可以云游四海，好处是某些不易携带的个人物品因此有了安置之处，玩累后，随时还有个窝可去，不用花时间找租处，也不用害怕房子忽然被房东收回。

他点了点头，话题转到他的前妻，说他俩现在还是朋友。

"所以你目前是单身状态？那么你自由了。"我开玩笑地说。

"我是自由了，但我前妻不是，她有个加拿大伴侣，如今住在加拿大。"

听此言，Jio乃单身无误，而依据我对意大利这个国家的肤浅认识，那里的男人挺会搞浪漫（譬如我在澳大利亚看房时，来自意大利的男中介会送给每一位女客户一朵红玫瑰），加上此人长得好看又多金，在芭提雅这个纵情声色的城市还能保持坐怀不乱，实属不易。

结果我刚给人家立了个柳下惠的人设，下一秒他便主动承认有过两段亲密关系，都是跟泰国女人（这个声明让事情变得合理了——颜值高又有钱的老外不可能"一直"单着）。

"不管怎样，你'现在'自由了。"我说。

"是的,毕竟再过几天,我就要回意大利了。"

我呆了两秒钟,敢情是因为要回意大利,所以才不得不跟泰国女人断了关系?

接着他提到他的两个儿子,不仅巨细靡遗地交待他们住在哪里?做什么工作?还强调如果不是两儿子不愿接班,他也不会把公司收起来。话锋一转,他说他给现在的租处买了很多盆栽,闲暇时就到海边晒太阳,以致肤色比来泰之前黑了不少。

"我也是。"我指着脚上黑白分明的两种肤色,"白色是没晒到太阳的部分。"

Jio看都不看一眼,接着解释为什么他拿的是旅游签,非养老签。

从Jio身上,我看到一位"纯粹"的话痨者,此类人恨不得把肚里的话全往外倒,他们并不关心对方讲了什么(如果有回应,那也是因为可以就原来的话题继续讲下去,否则宁愿另起炉灶)。

"很高兴认识你,我得走了,拜拜!"我说。

Jio很惊讶,那样子像是说——谈得好好的,为什么要走?

老实说,跟初次见面的人聊上半小时已是我的极限,何况大部分都是他在说,我负责听,这种不对等的交流方式,我已经给足面子了。

离开Jio后,我家狗子终于有了活动筋骨的机会(难为它趴在地上半小时,被迫听两个不熟的人唠嗑)。等我们一弯进微笑阿姨住的小巷子,一只小白狗忽然冲了过来。

"怎么这只狗长得像Maria的狗?"我边想边往远处望去,"连狗主人也长得像Maria的老公。"

结果对方一走近,我发现那男人正是Maria的老公,遂问:"我以为你和Maria去越南了,是不是计划生变?"

"是的。"他答,"出发前两天,我和太太意外得到同一家公司的offer。"

这真是个好消息!

"不过几日过后我们会搬到曼谷,因为公司在那里。"他紧接着说。

原来最终还是得道别,我还以为可以打破之前的魔咒。

"不管怎样,得到工作是好事,我祝福你和Maria。"我说。

"谢谢！"他答。

道别后，我牵狗回家，心情有些微妙。

"今天早上可真忙，不是吗？"我对狗说，"平常一个说话的人也没有，今天却连着遇到两位。"

我家的狗汪汪两声，似乎同意我说的。

35、泰国的泼水节

每年的4月13日～4月15日是泰国泼水节，又称宋干节。宋干是梵文，意为"太阳从12宫之末的双鱼运行到12宫之首的白羊，是新的太阳年开始"，而泼水则有"清除所有的邪恶、不幸和罪恶，开始新的一年"的寓意。换言之，这是泰国的新年，也是泰国人最看重的节日。

（注：这个节日不止泰国有，老挝、斯里兰卡、缅甸、柬埔寨等国以及云南的傣族也会在同一时间庆祝。）

有关宋干节的由来，这与神话故事脱不了干系，话说从前有一个非常聪明的小男孩，他能够听懂鸟语且博学多才。太阳神为了测试小男孩的智慧，向他提出三个问题，约定如果不能在七天内回答出正确答案，太阳神将取走他的性命；反之，太阳神会将自己的头颅割下。

小男孩费尽心思，终于在第六天的晚上想出答案，太阳神只能兑现诺言。由于太阳神的头颅具有强大的破坏力，他的七个女儿只能将头颅安放在一个山洞中，并且于每年的固定时间内，轮流为父亲举行仪式。这个仪式后来演变成如今的宋干节，人们通过泼水、祈福和家庭团聚等活动来祈求来年的好运与平安……

了解泼水节的缘由和习俗后，现在来谈谈我的亲身经历。由于耳闻这个节日很"疯狂"，去年的这个时候（也是来泰养老的第一个泼水节），我和老公严阵以待，譬如事先准备好粮食和饮水，以便能"大门不出，二门不迈"地熬过这段"艰难时刻"。

虽然计划很美好，但现实却总出乎意料，因为千算万算却忘了把家里的狗子算进去，看它猛摇尾巴，露出渴望的眼神时，我哀叹一声，还是拿出狗绳遛狗去。然而这"豁出去"的勇气带来的却是惊喜，因为啥事也没发生，这让我产生"泼水有地域限制，不包括居民区"的错觉，所以当2024年的泼水节到来时，我毫无畏惧地在住家附近遛达。

"Hello……Hello……"一位妇女向我的狗打招呼。

我家泰迪依旧"我行我素",我只好用英语向妇女解释——我家的狗听力不好。

"Old dog?"妇女问。

"Yes."我答。

"原来是老狗啊!"她喃喃道,说的是普通话。

他乡遇华人,怎不令人雀跃?我遂改用普通话问她来自哪里?她答上海。

正当我们聊得兴起时,一阵骤雨翩然而至。

我望向天空,发现万里无云后,又望向身后,结果仍一无所获。

"刚刚有人骑摩托车经过,坐在后座的人向我们射水枪。"妇女向我解释。

虽然谜团解开了,但我仍不愿相信,因为这与我总结的结论(泼水有地域限制,不包括居民区)不符。

几日过后(4月17日,早过了法定的宋干节节日),我和老公想着警报应该已经解除,遂到中天海滩"小试"一下,果然无人泼水,这排除了我们的担忧,次日中午便胸有成竹地上市区去，结果被上了一课。

话说噩梦的开始其实是有征兆的，当我们的摩托车抵达山下时，我隐约感觉不对劲，因为路边出现半人高的水桶，而且越往市区，水桶越多。当时的我还安慰自己没事，毕竟四周也无人泼水，只有三三两两的游客拿着水枪招摇过市（没有发射），即使看到坐着僧侣的花车，我也误会当天是另一个节日，压根儿就没往"芭提雅延长宋干节庆祝活动"的方向想去。

后来，我们"安然无恙"地抵达商场，此时的我们还没意料到待会儿会面临什么，依旧悠哉地吃饭、购物，等出了商场，来到大马路时，这才发现事情大条了，怎么忽然就成了水上世界？

由于大马路上挤满了人和车辆，前进的速度宛如乌龟爬行，每一秒都很煎熬，因为除了得避开泼来的水，还得提防泥攻和魔音传脑（时不时有大喇叭传送吵死人的音乐），偏偏老公为了闪躲泼过来的水，导致骑错了路，现在我俩已经不知身处何方。

"走那里，"我指向一条小巷，"那里应该相对安全。"

事实证明我们是从一个坑掉进另一个更大的坑，因为小巷路窄，不管水攻还是泥攻，简直攻无不克（有点儿关门打狗那味儿），更可悲的是坐在摩托车后座的我还被人请吃泥巴糕，结结实实地糊了一嘴，真是"有苦难言"。

好不容易从小巷"跌跌撞撞"地出来，我和老公顿时又陷入两难——往右骑进入"可怕"的市区，往左骑上素坤逸路（此路全长达四百多公里，由首都曼谷往东南部延伸，经芭提雅、罗勇，最远可达哒叻府的府会）。

"上素坤逸路吧！"我对老公说，"虽然远了点儿，但相对安全。"

事实证明只要今天上了路，就没有"安全"一说，而且随着天色渐暗，加入水战和泥战的人越多，有人甚至就站在水桶边，拿着水瓢直接开干，或者爬上水车，居高临下地握着水管扫射，无疑将战况升级了。

老实说，即使面对突来的变化（庆祝活动延长），我还心存侥幸，因为泼水节是有禁忌的，譬如不能向老人"任意"泼洒（只能轻洒），所以一开始我还相当乐观，毕竟年纪摆在那里，可惜我和老公似乎还不够老，所以被无差别地"雨露均沾"了，真不知该哭还是该笑？

等我们终于一身湿漉漉地回到家中，时间已过去3个小时，比平常多出2.5个小时。

"我决定了，"老公洗完澡出来，正用浴巾擦拭身体，"明年的泼水节咱们出国去，不管哪个国家，反正出去就是。"

对于"初闻不知泼水意，再闻已是水中人"的我来说，"白得一个假期"大概是泰国泼水节带给我的"立即性"红利吧！这种"立竿见影"的回馈正好应验了那句话——泼水节被泼水不能生气，因为那代表好运和祝福。

36、永生与捕灵网

有一天，我在网上看到一篇报道，说的是人类将在2029年看到永生的可能性（譬如科技让余下的寿命延长了），到了2045年则实现永生。

我心算了一下，2029年时我60岁，到了2045年，我76岁，也就是说当我到了60岁时会老得比较慢，到了76岁则成了"老不死"，这实在太可怕了！

我的恐惧并不是因为"年老才得到永生福利"，而是压根儿就不想在这个维度久待（喜欢待的，请继续待下去），活到"寿终正寝"已是对造物者的最大尊重，真要"没完没了"地活下去，对我来说可不是一件好事。

历史课本上曾提到秦始皇为了追求长生不老，派徐福带着三千童男童女东渡寻药去，而历代皇帝中也不乏迷恋仙丹者（所谓仙丹，乃长生不老药的另一种说法），但从未听闻有底层人士追求永生，因为这辈子已过得苦哈哈，谁还会希求"永无止境"？

依据这个原理，我认为最希望实现永生的当属拥有好资源的人，平民百姓"应该"兴趣缺缺，因为即使有那份心思，口袋里的钱也不够支付"看不到尽头"的余生。

又有一天，我在网上读到"捕灵网"这个名词，说的是刚死（或濒临死亡）的人会看到一束白光，这束白光便是捕灵网，为的是收集死去的亡灵，倘若"拒捕"（譬如人世间有心愿未了或仇恨未报），那么灵魂就会停留在人间，成为孤魂野鬼……

当我得知那束白光就是捕灵网时，我的第一反应是——到时候肯定向它跑去，不带一丝犹豫，一来我不想当孤魂野鬼；二来我迫不及待想进入下一个"未知"（这个"未知"说是轮回也好，说是掉入别的维度也罢，反正豁出去了）。

我这么"视死如归"倒不是因为过得猪狗不如，事实上，我活得还不错（别人也这么认为），但这不能抵消我对这个世界的消极看法，譬如我认为人是可怕的动物，换言之，我们每天都在跟可怕的载体打交道，不知哪天就会被算计上，而更令人毛骨悚然的是这只可怕的动物也包括我自己，比如我也会突生邪恶的念头，恐怖的是我连它是怎么窜出来的都不清楚，您说惊悚不惊悚？

当然，我也不否认这个世界有美好的瞬间，但比起不美好，只能算九牛一毛（也许正因寥若晨星，所以才显得珍贵）。

总而言之，我对这个世间一点儿也没有"久待"的欲望，即使有长生不老药摆在我面前，我也会弃若敝屣，您呢？是否也和我一样？

37、大嗓门惹的祸

今天,我站在超市的肉铺前跟泰国小哥要了一块里脊肉,他正取时,我身后来了两位"大哥",甲哥指着五花肉对乙哥说:"你看,这肉不错。"

乙哥点了点头,径直走到鸡蛋区。

"A……A……这肉给我来两斤。"甲哥用普通话对泰国小哥喊,那架势趾高气扬。

我暗呼不妙,这是踩了马蜂窝呀!

是这样的,别看泰国人总是笑脸迎人,好像没心没肺一样,但对待没礼貌的人,他们也有自己的一套,那就是"冷处理"。果然泰国小哥给了我要的肉后,"很自然"地忙别的去。

"A……A……这肉给我来两斤。"甲哥又用普通话对泰国小哥喊,依然盛气凌人,不同的是这次伸出了2根手指头。

至此,泰国小哥终于冷冰冰地走过来,又冷冰冰地从冷藏柜里取出两条五花肉。

"不是两条,是两斤,哎!怎么听不懂呢?"甲哥取出手机,一阵输出后,把已翻译好的泰文示人。

显然,泰国小哥看懂了,他把手中的两块肉上秤,接着又取了一些,总算达到两斤,可是问题来了,刚才还在看鸡蛋的乙哥忽然踅回来,同时发现另一盘的五花肉似乎更好,所以怂恿甲哥把原来的五花肉给退了,改要另一盘……

当这三人纠缠不清时,另一位泰国小哥走过来为自己的同胞"站台",现在的情况是2对2——肉铺后的两人面色铁青,肉铺前的两人则七嘴八舌地解释,声音很大,那样子像是客户在骂服务人员(我猜泰国小哥应该也是这么想的)。

等我走到收银台附近,忽然听到几个女人叨念着待会儿烤肉的事,还说在别墅烤肉可以不用善后,因为泰国的人工便宜等等。

这么听下来，我立即把方才的两位与眼前的几位连接上，很明显，这是个度假"亲友团"，而且即将有一顿烤肉大餐。

这件事让我联想起另外一件事，去年年底我和老公入住曼谷某酒店，当我们躺在游泳池畔的躺椅上享受惬意时光时，岂料一个小时后便风云变色。

"中国人为什么到哪里都像在吵架？"老公问我。

"他们不是吵架，而是讲话大声，因为兴奋的缘故。"我解释。

"妳何不看看其他人是什么表情。"

于是我坐起，发现"先来者"都对"后到者"行注目礼，那眼神像在看什么奇怪的"动物"，可惜"同胞们"似乎没察觉，依旧大呼小叫，亢奋至极。

我想这牵扯到认知问题——游泳池到底是游乐场所还是"放松兼休息"之处？如果是前者，嬉笑打闹无可厚非；倘若是后者，安静才是对其他客人的尊重。

老实说，我不认为那些"说话大声"的中国游客有意无礼，可能更多的是假期带来的松弛感，让他们不由自主地大起声来，但"听"在外国人耳中可一点儿也不友好，如果因此遭受"差别待遇"，也不是不能理解。

网上偶尔能见到中国人吐槽外国人（包括泰国人）大小眼，回到一开始的例子，如果您是泰国小哥，会对"大嗓门"的中国人有好印象吗？换言之，若真的被大小眼，那也是其来有自。

根据我在泰长居的经历，被泰国人集体针对的例子很少发生，讲白了，泰国人非常、非常讨厌没有礼貌的"人"，这个"人"可以来自任何国家，不见得只针对中国人。

（注：不喜欢无礼之人乃全球的普遍现象，不止泰国如此，但基于泰国人"不易发怒"的个性，这难得一见的动怒确实踩到人家的底线）。

所以，当您来到泰国旅游时，请务必扛着"礼仪之邦"的大旗过来，同时把"大嗓门"（容易引起误会）留在家里。如果做到了，我相信您会在这个美丽的国度收获很多美好，远离不愉快。

38、总有狗屎事

今天上购物商场,本来想吃日料,没想到关门了(重新装修),于是去吃铁板烧。算一算,大概已有大半年没来这家了,具体是什么原因,我已经想不起来,结果刚点完餐就唤起我的记忆,因为服务员端来了白米饭和味噌汤。

"妳现在就给我白米饭,等菜送上,饭就凉了,妳没注意到吗?"我以"和气"的口吻说。

服务员遂把饭撤下。

等菜真的送上后,我"又"发现我的照烧鸡没煮熟(跟半年前的情况一模一样),于是鸡肉又重新回到铁板上。

结账时，我犹豫了一下，因为实在是不满意（怎么过了大半年，缺点还在？），也就没给小费。

吃完中饭，我和老公照例上日式面包店买面包，由于曾目睹切面包的师傅切完面包又去摸垃圾桶，所以这次选择不切，哪知打包员直接上手将不切的"大"面包放进包装袋里，当她的手指触碰到面包的那一刻，我们双方都愣住了，我的想法是——有没有搞错？竟然用手拿？而她的想法（我猜）是——糟了！怎么忘记把手套戴上？

不知从何开始，餐饮人员流行戴一种蓝色或黑色的一次性贴合手套，看起来是干净卫生，其实不然，因为戴上手套便有了不用洗手的正当理由，甭管碰了食物之后是不是又去碰了不该碰的东西，反正没人深究。

回到眼前的这位打包员，她其实又兼收银，以前我也曾留意到她的手偶尔会不小心碰到面包，但因戴着手套，即使想抱怨，好像也无从抱怨起，可是今天不一样，她是光着手将吐司面包（因为太大了）放进袋子内摆正，所以挺让人如鲠在喉，尤其打包完毕又收了我的纸币和铜板，这让我联想起上一位客人的钱也是这么经过她的手……

（注：我也曾问过自己，如果她戴上手套收了上一位客人的钱，接着再去碰我的面包，情况会不会有所不同？答案是——戴上手套会让我的心里好受点儿，但其实"肮脏"的程度差不多。）

回家后，我告诉老公——我不再上那家面包店买面包了。

"就因为她光手摸面包？搞不好制作时就已摸了不止一回，只是妳没看见而已。"老公说。

"后台的事我管不了，但当着顾客的面都能这么干，可见培训和管理没到位。你可以继续光顾，反正我撤了。"我答。

今天的两次消费经验都不太愉快，我以为就这样了，没想到稍后我又发现自己在美食广场买的斑斓糕买贵了（别家都是60泰铢一盒，我却付了100泰铢，而且个头还小，算是迷你型）。

大概花了一个小时，我才把今天的"不顺"给消化掉，因为不管愿不愿意，也不论是否小心翼翼，该发生的狗屁事还是会发生（Shit happens），逃不掉的。

我也只能这么安慰自己。

39、鬼屋与凶宅

儿子工作一年后，开始有了买房计划，由于种种原因，他选择在苏格兰买房，而非目前居住的英格兰。

"妈，我工作忙，妳能帮我买吗？"儿子问我。

这里的买可不像买白菜一样容易，首先，我得从芭提雅飞到苏格兰，光机票和食宿费就是一笔不小的开支，加上苏格兰买房讲求的是一个手速，我又不能百分百作主（总得问过儿子的意见），实在是不合适，于是拒绝了。

这个反应让儿子颇为吃惊，因为我一向把他的事当作自己的事（还是要紧的事），哪晓得到了泰国就天差地别。

其实这跟我住在哪里没多大关系，反倒与心境有关，因为我渐渐意识到时间已经开始倒计时，我得为自己而活。换言之，我应该把我的需求和舒适度摆在第一位才行。

在我这边吃了闭门羹之后，儿子只能靠自己，他开始了解购房流程及联系中介看房，同时请好4天假，打算在4天内把买房大事给搞定了（只要屋主接受出价，剩下的可交由双方律师办理）。

好不容易儿子看中一处位于格拉斯哥的公寓，竞标价格（Offers Over）是12万英镑，中介的建议是最好出价14万英镑往上，但儿子只出价13万，结果房子被出价15万的人给买走了。

（注：所谓的竞标价格是卖方设定一个最低价，所有买家的出价都需要高过这个价格，常被"希望通过竞争提高成交价"的卖家使用。）

房子没买成，儿子颇有怨言，因为13万英镑是他老爸给的主意（老公认为超过这个数字，性价比就不高了），他本人其实可以出价更高。

半年后，儿子卷土重来，这次瞄准爱丁堡，为保万无一失，他再度向自己的父亲取经，当快结束谈话时，我插嘴对儿子说："你要查清楚屋子有没有闹鬼或发生非自然死亡事件。"

老公立即要儿子别听我的，然后火速挂断电话。

"难道你希望儿子买到鬼屋或凶宅？"我质问。

"放心，他绝对买不起鬼屋，因为闹鬼的房子可贵了，至于凶宅，没人在乎这个。"

我的确听说过国外的鬼屋很抢手，比同一地区的平均房价要高出很多，而且闹得越凶，售价越高（大概西方人多有猎奇心理，想看看鬼长什么样），但应该不会有人想买凶宅吧？！

"你不会真想买凶宅吧？！"我问老公。

"只要清理干净，现场没有留下任何血迹，我不介意购买。"他答。

啧啧啧……光想象那个画面，都能吓得瑟瑟发抖，何况入住？好吧！就算他不介意购买，难道就不担心以后出售困难？

针对这个疑问，老公的回答是——或许东方人会在乎这个，但西方人多数不

care，因为地球已经几亿岁，搞不好我们此刻站着的地方就曾有无数条生灵死去……

话说得没错，但我还是会舍弃"新近发生"（与几亿年相比）的"特殊"房源，因为我的小心脏可承受不住"半夜鬼敲门"（即使我没做亏心事）。

与此同时，我也相信"胆小"的西方人多过"胆大"的。基于这个"常识"，也为了反驳老公的说法（西方人多数不介意买凶宅），我特意上网查了相关资料，结果意外发现年初轰动一时的硅谷华裔杀妻案的命案凶宅仅挂牌9天就售出，虽然挂牌价212万美元低于市场价，但成交价是232万美元，相较于周边同等条件的房屋，只低了大约30万美元左右。这就挺有意思了，因为他杀所造成的凶宅在亚洲地区不说打骨折价了，起码六折或五折是有的，但这里（美国硅谷）的成交价却比挂牌价还高，可见想要这屋子的大有人在，以致推高了成交价。

完了！上述例子非但没反驳，反倒坐实了老公的言论——西方人多数不在乎房子是否为凶宅。

回到我住的泰国，泰国人不仅在乎房子"干不干净"，而且还很热衷传播"灵异现象",口耳相传的结果,一些凶宅渐渐成了鬼屋,让人避之唯恐不及,售价当然也上不去……

文章写至此,儿子忽然来电表示他看中的公寓已经被别人买走了,他都还没来得及实地察看呢!

瞧!这就是苏格兰的房产销售状况,讲求的就是"快、狠、准"。

"没事,"我安慰他,"买房是大事,得慢慢来。"

"可是……妳知道苏格兰的酒店一晚起码得150英镑起吗?还有,不仅住宿贵,吃的也贵,这多来几趟,我的买房钱就花光了。"

现在换我不知如何安慰他,因为房子是他想买,不是我逼的,前期的投入也在意料之中,这些都是要经历的……

"要不就别买了。"我说。

"才不呢!现在不买,以后更买不起,我什么时候才能实现财务自由?"他答。

"那就别抱怨了,赶紧想想该怎么解决问题。"

挂断电话后，我又开始写作，因为写作是我的事，买房是儿子的事，各管各的，也才能各自安好。

40、恶魔之吻

昨天,我和儿子远程上中文课(他七月份有中文考试),当上到一篇有关"贩卖人口"的文章时,我告诉他——我也曾差点儿被拐卖。

那是很久以前的事,当时的我大约十岁,刚打开钢琴练琴没多久,一名约十七、八岁的年轻女子便走进我家小院(当时家家户户都门户洞开),隔着窗户问我:"妳知道公交站牌在哪里吗?"

我告诉她怎么走,可是她依然表示不清楚,此时,闻声而来的母亲问我发生了什么?我简短告知。

"妳带她去吧!"母亲对我说。

于是我带着陌生女子往外走,当经过邻居家时,邻居没好气地问:"去哪儿?"

"她……"我指向身边人,"不知道公交站牌在哪里,所以我带她去。"

"公交站牌就在马路边,还需要带?"邻居指着我,"妳,马上给我回家去!"

无端挨了骂,我悻悻往回走,结果前脚一到家,邻居后脚就到,迅速跟母亲说嘴:"那女的在我们这条巷子已经鬼鬼祟祟了一下午,我就留了个心眼,说什么不知道公交站牌在哪里,根本胡扯!她就住在公交站牌对面。"

为了证明自己所言不假,邻居拉着母亲去找人,碰巧遇到方才的年轻女子提着行李从"公交站牌对面"的房子里走出来,快速招了辆出租车离开。

事后,母亲总说我差点儿被拐卖。

从这件事让我想起另外一件事,当时我上小学没多久,某天回家路上遇到父亲,他骑摩托车载我回家,我以为隔天也会一样,于是站在路边等,直到所有学生都走光了。

"小妹妹,妳怎么一个人在这里?"一名少年问我,背后站着四、五名少年。

个性害羞的我在这种情况下"通常"会保持沉默，但那天不知怎么回事，我竟然开口说："我在等我爸爸，他很快会过来。"

话一答完，几名少年就互相提醒："走了，走了。"

当时的我还以为自己说错话，惹得他们不高兴，天知道"一堆"少年会对一个小女孩做出什么龌龊事？

如今的我已年过半百，暮然回首，有个深刻的感悟，那就是——某些"禽兽"总不肯让小孩"好好长大"（本来写的是"小女孩"，后来发现"小男孩"也一样危险）。

我曾读过一篇文章，算是一个"禽兽"写的，此人正是我们常说的"咸猪手"，在他的想法里，摸模屁股、碰碰大腿，乃至袭胸都是小事，说白了就是开开玩笑，增加一点儿生活情趣而已。

亲爱的女同胞们（也包括曾受过伤的男同胞），这就是"加害人"的想法，你们的每一颗泪都是哭了个寂寞，"禽兽们"根本就是另一种思维。

倘若这只是小概率的事，也许还不值得拿出来讨论，问题是这是"大"概率的事，证据便是我年轻时曾与十几名女同事一起聚餐聊天，有个人忽然提到自己小时候被性骚扰的事，接着便发生骨牌效应，聚餐的每个人都提到那些"不堪回首"的往事，当然也包括我。

如果我努力回想，那些挑逗的言语、色眯眯的眼神和不愉快的碰撞都曾让我怒火中烧、心情大坏，甚至怀疑是自己的错，才会导致对方说出那样的话或做出那样的举动。我也是经过好长一段时间的心理调适，才与自己和解并接受人世间的不完美。

此刻的我又想起发生在几个礼拜前的事，当时约下午四点半，天还亮晃晃的，我牵狗走在三巷，没多久，迎面来了一辆摩托车，车上骑士忽然在离我约五十米处紧急刹车。我定眼一看，那是个皮肤非常黝黑的泰国人（是我见过的泰国人中，皮肤最黑的），衬得眼白部位特别明亮。

我望向骑士后方，再望向自己后方，发现整条巷子空无一人，只有我、狗和正色眯眯看着我的男人，而道路两旁皆是树林……

再怎么反应迟钝，也知道此时危险系数拉满。我立马拉狗往回走，偏偏狗子不配合，与我展开拉锯战，气得我萌生"弃狗跑路"的念头，还好危急时刻，一位洋人骑着摩托车从巷底呼啸而来，瞬间打消了恶魔的作恶之心。

（注："黑"骑士重新上路，警报解除了。）

事后回想，这位泰国人应该是第一次来到这条巷子，以致误判这是一条人烟罕至的巷子，事实上巷底住了不少外国人，平常也人来人往的，只是他碰上我的那个moment，我刚好落单（别把狗算进去，它只会拉后腿）。

哎！没想到年老色衰了还是一样危险，人生可真容不得有一刻马虎啊！

41、浅谈泰国征兵

今天，我又在电梯里遇到七楼住户Abby，虽然只是点头之交（而且都是在电梯内），但多点几次头后，我也获得了不少信息，包括她离婚了，有一个儿子和一条博美狗，自从狗去世后，她不再养了，因为怕再经历一次失去爱犬的痛苦。

"今天妳上哪儿去？"我问，因为见她拎着两个塑料袋，看起来挺沉的。

"我去看我儿子，他正在服兵役，我给他带点儿吃的和用的。"她答。

每年四月份，年满21岁的泰国男性青年都要参与征兵，现场那叫个欢乐无比，抽中红签的当场哀嚎或昏厥（表演性质居多〕；抽中黑签的手舞足蹈不说，兴致一来还会劈个叉或给现场工作人员来个亲吻。与此同时，媒体还会选出最美征兵"仙女"，硬生生把一件"庄严肃穆"的事搞得像办了一场同乐会和选美大赛。

"你儿子抽中红签了？"我问。

"没，事实上他是自愿当兵。"

"自愿？听说在泰国当兵很辛苦，怎么妳儿子自愿当兵？"

"当兵辛苦多指陆军，如果自愿当兵，可选海军或空军，相对没那么辛苦，而且服役只需一半的时间。"

我倒没想过自愿当兵还有这等好处。

"虽然没那么辛苦，"我说，"但终究是当兵，妳不心疼？"

"一点儿也不，我儿子太柔弱了，胆子也小，当兵对他来说是好事。"

此时电梯门打开了，我照例祝她有美好的一天，她也同样祝福我。

遛狗回家后，我即刻上网查资料，除了再看一遍欢乐且具戏剧性效果的抽签现场外，还获知不少以前不知道的信息，好比变性人一样要参与征兵，至于抽中后要不要当兵，端看"改装"的程度，如果已经完全没有男性特征，大概率是逃过一劫，倘若"改装到一半"，那就悬了。还有，僧人出家超过十年才能免除兵役，这也是为什么会在征兵现场看到僧人出现的原因。

那么，泰国青年为什么畏惧当兵？这当然是有原因的，我归纳如下：

1、当兵时间长：除了2年正役兵，还有23年预备役（平时不参与军事任务，必要时可被召回服役），总共25年。

2、伙食差。

3、工资少。

4、住宿环境艰苦。

5、老兵欺负新兵时有耳闻。

既然当兵如此恐怖，为什么极少有泰国人逃避征兵？那是因为拒服兵役会被没收一大半家庭财产或关$3 \sim 5$年，对个人声誉和就业也会造成一定影响，兹事体大，所以少有人尝试。

诚然，参与征兵是每个泰国青年不可推卸的责任与义务，想逃避基本不可能，但还是有一些合法途径可以免除兵役，好比健康问题、家庭因素（亲人需要本人照料）、教育原因（正在接受高等教育的学生可以申请延期服役）和特殊职业（对国家做出特殊贡献的医生或科学家可申请豁免或缩短服疫时间）等。

这听起来很泰式（规定是规定，但总有转圜的余地），好处是因事制宜，坏处还是因事制宜，因为这当中会带来谈判空间，至于是怎样的谈判空间，看倌们请自行脑补。

42、阳光的重要性

今天阳光明媚，我遛狗走到公寓楼的东侧，目光立即被我家和几户垂挂着竹帘的人家吸引住。为什么我会被我家吸引？倒不是因为那是"我"家，而是阳台上晾晒着满满当当的衣服，相较于别人家"象征性"的几件，显得非比寻常，至于特意为阳台挂上竹帘的那几户（当然是为了遮挡炙热的阳光），在我看来却是把欢乐的种子拒之门外，所以也同样吸引我的注意。

记得当初买这房时，我曾咨询中介哪户好？她指着楼盘模型（我买的是期房，不是现房），说："525好，有池景，而且不晒。"

我有点儿犹豫,因为看模型呈现出来的方位,525很可能全天候都被对面楼栋遮挡住阳光。为了"保险"起见,我还是选择仲介口中会热到不行的东北朝向户型。

房子建好后,如同我当初的猜测一样,525终日都很昏暗,而我现在住的房,从日出到下午一、两点钟都还能得到"阳光入户"的恩赐,热是热了点儿(得经常开空调),但这正是我要的。

对住在北半球的人来说,"买房要买坐北朝南"是常识,因为采光好、通风佳,还能避北风;反之,住在南半球则应当选择坐南朝北。至于赤道附近,好像很少人提及,不过这里(泰国)的中介倒是说过——赤道地区因为太阳终年直射,所以朝向不那么重要。

我住过北半球,也住过南半球,对上述前两个的说法深以为然,却对最后一个不苟同,因为朝向问题对赤道国家(好比泰国)依然重要,某些朝向就真的不受阳光待见,对于怕热的人来说,这也许是一项福音,但对容易被阳光控制情绪的人而言,可一点儿也不友好。

(注:一般人以为太阳从正东方升起,中午划过头顶正上方,再从正西方落下

，其实不然。拿我所处的芭提雅而言，春夏时阳光从东偏北方向升起，中午移到头顶偏西北，再从西南方向落下；秋冬反之。也就是说阳光上半年晒北墙，下半年晒南墙，如果想一年四季的上午都能见到可爱的阳光，朝东是比较"安全"的选择。）

半年前，我有一趟曼谷之旅，抽空看了一处新建楼盘，我告诉仲介——白天晒不到太阳的一律不看。

"为什么？"中介问。

"因为心情会不好。"我答。

中介露出迷惑的表情，但我没做出解释，因为说了也没用，反而会被视为异类。

其实，"阳光影响心情"的发现并不是一开始就有，这还得从我移民至南半球的新西兰，并搬进一栋坐北朝南的房子说起。当时的我并不明白朝向的重要性，也根本没注意到身处南半球就该选择坐南朝北。搬进后，由于主卧朝北，早上七、八点钟便会被阳光唤醒，接下来的白天里，我大多待在朝南（一整天都阴暗，逢阴天还得开灯）的客厅中。久而久之，我总感觉心情郁闷，哪哪都不对，直到某天拜访朋友，坐在她那洒满阳光的客厅里，心情一下子"豁然开朗"起来，我才发现自己正是"被阳光左右情绪"的那类人。

如果您恰巧同我一样（会被阳光左右心情），那么恭喜了，因为多数人心情不佳是找不到原因的。既然"病因"找到了，现在只需"沐浴在阳光下"，您不妨即刻试试。

43、窝囊气

清晨六点多,我带家里的狗子出外遛达,一名金发小伙子骑着越野摩托车经过我身边,正常情况下,一个向左走,一个向右骑,不会再有交集,然而我家狗子此刻又当机了,这为接下来发生的事埋下伏笔。

(注:我家泰迪是一只老狗,除了会为清晨的第一泡尿健步如飞外,其余皆呈鹅行鸭步的状态,更有甚者,就这么直挺挺地站着,如果我不硬拉它走,它会"罚站"到花儿都谢了。)

既然我家狗子此时又"纹风不动",我索性也不走了,这边看看,那边瞧瞧,脑袋则天马行空,一会儿回到儿时,一会儿又在英国，也难怪巨响传来时，尚在云游中的我会被惊吓到。

我往声音出处望去，发现爆炸声来自小伙子的座骑，而且很大的概率是故意为之。

（注：我对越野摩托车的构造不是很清楚，倒是听说过这种车子可以通过排气管改装，实现炸街扰民的目的。这可不，方才的震耳欲聋就让我原地抖两下，想必也惊醒了不少梦中人。）

这种没素质的行为的确令人恼火，但我没打算"好为人师"，尤其我和小伙子的距离约有六、七十米远，想"谆谆教诲"也难。

当小伙子再次落入我的视线中，那已是两分钟以后的事，此时的我还在天马行空，早把"扰民炸街"一事给忘了，可是我忘了小伙子，不代表小伙子也忘了我这个唯一的目击证人。

"What are you looking at?" 他咆哮着。

我一时迷糊，若说我看他，倒不如说是他"主动"走进我的视线范围内，而我"顺便"看了他。

"What are you looking at?"见我没移开视线，他继续咆哮着。

虽然愤怒、委屈加难以置信，但我选择"退一步海阔天空"。

小伙子后来怒气冲冲地走了，我则思考起一个问题——他为什么如此愤怒？

社会新闻中偶有某人看了某人（或某些人）一眼，结果挨刀子的报道，那么问题来了，受害者为什么会有那致命的一望？有没有可能是加害者首先在举止上就"异于常人"（就像那名洋人小伙子一样），所以引人侧目？

记得我上初中那会儿，报纸上曾有一则新闻，说的是某个高材生望了一群不良少年一眼，结果被逼下跪，高材生不从，活活被打死。

这则新闻在当时引起很大的讨论，舆论多倾向指责高材生不识时务，如果下跪了，还能保全性命。

当时的我并不苟同，这不是向恶势力低头吗？说好的"邪不胜正"、"恶有恶报"在哪里？

年岁渐长，我也终于体会到"忍一时风平

浪静"的人生哲理，因为"穿鞋的打不过赤脚的"，有时就得打落牙齿和血吞。

可别以为这样的忍气吞声只是亚洲人的"专利"，当面对青少年或极端份子挑衅时，我那位眼睛长在头顶上的白人老公同样也是闷声大发财。

"刚刚你怎么没反应？"事后我问。

"狗发疯时，难道人也跟着发疯？"他答。

（注：当时我们住在澳大利亚的黄金海岸，这是个旅游城市，对外来人相对宽容，可惜我们还是面临过几次不愉快。）

回到今日，窝囊气当然有，但让我再一次选择，依旧会是逆来顺受，因为正如同老公所言——狗发疯时，难道人也跟着发疯？

可喜的是这样的例子并不多见，我也只能归为运气不好，然后把它封印在记忆的小黑屋里，毕竟不这样还能怎样？总得先饶过自己，您说是吗？

44、数字的禁锢

昨天,我到水果市场买水果,小贩秤重过后,告诉我价钱是37泰铢。我给了他50泰铢,他问我有没有100泰铢或两张20泰铢?我回答没有。

(注:泰铢的纸钞面额有1000、500、100、50和20。)

他嘀咕了几句后,找给我14泰铢。

我心算了一下,应该找13泰铢才是,但一想到我那奇葩的前同事,瞬间又释然了,同时感叹——原来对数字避讳的大有人在。

话说我那个前同事,她对4这个数字超级敏感(虽然中国人普遍不喜欢4,但她的反应尤其强烈),凡带4的都别想跟她沾边。举个例子，某天公司做登记，她发现如果按照排队顺序，她将列于新一页表格上的第四位，于是悄咪咪地走到队伍末端；又有一次，公司聚餐吃火锅，水开了，这位奇葩同事仍未到（当时手机不普遍，意思是联系人没那么容易）。等了一小会儿后，我们便开吃了，结果吃着吃着，某人忽然灵光乍现，指出这家餐厅位于四楼，莫非……

事后也没人去追问那位同事为什么没来，因为大家都默认她的"避4情结"已经病入膏肓，无可救药了。

其实这类避4现象早已出现在生活中，好比大楼没有4楼（5楼便是原来的4楼，以此类推），地址没有4号（以3A、3B取代3号、4号），而商家找零也尽量避开4等。

理应有4却无4，那肯定是人搞的鬼，究其原因，无非就是害怕这个数字会给自己带来不幸和麻烦。

国外也如出一辙，不过避讳的数字多为13（像一开始提到的泰国小贩一样），更有甚者，还把"13号星期五"列为不祥之日，然而法国人对此却反应出奇。

据说法国人也认为13这个数字不吉利，而13号星期五同样不祥，但他们却用不一样的心态去面对——凶一旦出现，剩下的就只有吉了。

这种"平衡理论"也影响到彩票市场，好比逢13号星期五，法国的彩票会卖得特别好，因为不吉出现了，剩下的就只有吉，而他们相信自己正是那位幸运儿。

自从知道法国人是如此对待吉凶征兆后，我也一改故辙，譬如按照我以前的思路，某天若坏事降临，那可是会一路坏到底，但现在的我会安慰自己这是好事，因为坏事发生了，剩下的就只有喜事了。

这倒是个不错的想法，您不妨也试试。

45、熟悉的配方

两年前,我曾在曼谷的某个地铁口看到一名脸部烧伤的行乞者,她身穿学生制服,手里捧着一个纸箱,箱子上贴着两种文字说明(泰文和英文),大意是她行乞是为了做面部整容。

想到女学生年纪轻轻就遭逢厄运,我特意踅回去,在她的箱子内投入自己的一点儿小心意,我以为她会说句口坤卡(谢谢),结果没有。

几个月后,新闻报道提到该名女子连同其他6名乞丐均来自中国(不排除背后有操纵集团),年纪都不小,介于35至40岁之间,每人每天在闹区乞讨六个小时,收入大约1万泰铢/人/天。

算一算，这帮人的人均月收入能达到6万元人民币，妥妥的高收入人群啊！

在我感慨的同时，曾有的疑问也有了解答，包括地铁口行乞者的学生身份与脸上的沧桑匹配不上，还有，她之所以不开口道谢，乃因一开口就会露馅儿。

这些人的行径无疑是诈骗，但我却没有太大的愤怒，因为残疾一事不假，"谋生相对困难"也是事实。

（注：残疾不能成为诈骗的理由，但我能理解残疾人的处境。）

事情被捅破后约半年，我和孩子们上大城府游玩，那是一座历史悠久的古都（曾是阿瑜陀耶王朝国都），从1350年建都至1767年被攻陷为止，繁荣辉煌达数百年，因此留下不少珍贵的古遗址。就在某个观光客云集的遗址入口处，我看到一个摊位，广告牌上贴着许多流浪猫犬的照片，虽然看不懂泰文，但能猜出这是为流浪动物募款。

我是养狗人士，将心比心，很乐意出一分力，可是当我走向挂着工作牌的工作人员，并且交出手中的纸钞时，不可思议的一幕发生了——工作人员收下我的钱（没放进捐款箱内，而是握在手里），道谢后便像什么事都没发生过。

我愣了几秒钟后，才意识到他不会给我收据（像其他正规的捐款机构一样）。

由于不了解泰国的捐款模式，我只能"合理化"整件事，譬如捐款的钱数登记过后才会放进箱子内，并且不是每项捐款都会给收据……

（注：尽管努力说服自己去相信，但我的心里其实已经播下怀疑的种子。）

今天，我和老公到海边享受悠闲时光，约一个小时后，我听到说话声（讲的是泰语，而且声音近在咫尺）。起初我不以为意，但同样的话重复3次后，我还是从躺椅上坐起察看，结果发现有2男1女立在我跟前，全对我报以温暖的微笑。

"@#%*€&……"其中一名男孩对我说。

显然，我又被误会是泰国人。

"Sorry, I don't understand." 我回复。

我以为这下子总算可以耳根清净了，哪晓得女的立即蹲下去（这个动作很重要，会让坐着的"买家"感觉自己被重视），以流利的英语表达来意，原来他们是义工，正为医院里的老人和小孩募款，由于警察说不能直接收钱，所以只能以贩卖的方式筹款。

女人话一说完，两个男孩立刻递给我几张"文字加照片"的说明书（泰文看不懂，但照片的确是医院里的老人和小孩）。等我"阅读"完毕，一些小玩意儿陆续出现在我面前，像是掌上型风扇、保温杯、折叠伞……等。

这个配方有点儿熟悉，让我的记忆一下子跳回到"被骗"的从前，不免留了个心眼。

"如果我买了你们的东西，你们会给我收据吗？"我用英语问。

那女的听完，无语了3秒钟，接着告诉我折叠伞售价500泰铢，收入会拿来帮助医院里的老人和小孩。

她的"顾左右而言他"给了我回绝的勇气，我把曾经的经历（帮助流浪猫狗的那一次）说出，表示自己不喜欢那种"稀里糊涂给钱"的感觉。

女的听完也不纠缠，祝我有美好的一天后，将目标转向其他躺在太阳伞底下的客人，可惜经过方才的对话，已经吓退不少人，至少方圆50米内皆全军覆没。

事后，我回想了一下，发现了几个有意思的点：

1、这3人衣着整洁、说话有礼，气质上很像师生（女的像老师，男的像学生），脖子上还挂着工作牌，从形象上看，很像那么回事儿，可以打90分。

2、募款的理由是"帮助医院里的老人和小孩"，乍听之下好像没问题，但我已经在泰国居住过一段时日，知道泰国人每次看病只要30泰铢（这包括所有的费用，好比看诊费、医药费、检验费、住院费等），所以真不知这里的帮助指的是什么，如果是筹款买营养品或玩具，尚说得通，不过借口很薄弱，因为不具"紧急性"和"必要性"。

3、女的特意提到警察叔叔，代表这3人很可能以前被举报过，既然不能募款，3人便改卖商品，以后即便有争执，无非就是卖家卖贵了（或者买家买贵了）的问题，性质上没那么恶劣。

4、女的英语流利，代表行骗对象也把外国人涵盖进去。

5、采团伙作案（而非分开行动）是为了给"买家"施加压力，因为拒绝一个人很容易,同时拒绝三个人(还是师生模样的三个人)则相对困难。

6、拿售卖的折叠伞为例,成本顶多100泰铢,却卖500泰铢,意思是实赚400泰铢。假设一天能卖出20把,人均日收入将达2666泰铢,折合人民币533元(这是一人一天的收入),比大学老师赚的还多,真不能小觑!

7、唯一的bug是没有收据,如果提供了(当然是假收据),估计能骗更多,不过这也是把双刃剑,虽然收据能让骗局看起来更加真实,但追究起来也"铁证如山"。

这场骗局给我的感触是"人不可貌相"(这3人看起来人畜无害),而我之所以避坑,还得感谢以前踩过的坑,如果当时的体验是愉快的,我就不会对"类似配方"怀有戒心。说到底,这是不经一事,不长一智(谁能想到当时的愚蠢会成为日后的警示),人生可真是峰回路转又充满不确定性啊!

46、少生气

今天,我下楼遛狗,偶遇俄罗斯邻居。

"早安。"我说。

他点了一下头,表情相当严肃。本来我还想问他怎么今天没见他遛狗?面对此情此景,也只能将话吞下。

当此人的背影渐行渐远时,我忽然想起一句话——背影也是有情绪的(当然,俄罗斯邻居并不是生气我,而是他面临了麻烦,导致心情不好)。

回到家,我恰巧看到国内的两则新闻,都是跟咖啡店员情绪失控有关(一个将咖啡粉洒在顾客脸上,另一个则与顾客发生肢体冲突)。如果站在顾客的角度,等久了自然不高兴,但若站在咖啡店员的角度，好像也没错，订单多人手少，自己已经加快速度了，怎么就不能体谅一下？

再举个例子，前几天老公清洗浴室时扭伤了，骑不了摩托车，这意味着买水出了问题（泰国的自来水不能饮用）。我寻思让7-11送水来，毕竟大太阳底下走这么一段路挺遭罪的，然而在下载软件时却出了问题。

"妳到哪儿去？"老公问我。

"我无法下载软件，想请7-11的员工帮忙。"我答。

当时的想法很简单，我下载的是7-11的软件，为的也是让7-11有钱赚，他们应该会乐意帮忙才是，结果却不尽如人意，因为语言不通，负责做饮料的小哥试了一下，发现下载不了后便选择忽视我，我只好找收银员帮忙（当时她空闲着）。

这位收银员的英语好一些，可惜仍无法下载。此时，顾客接二连三来结账，她选择先服务别人，我杵在那里，很是尴尬。

"妳能帮我吗？"趁她快结束忙碌，我问。

"等一下。"她答。

好不容易空下来,她"好像"就要帮我了,结果又来人(此人就排在我身后),于是我对刚才不理会我的小哥说:"你能结一下账吗?"

话说完,我指向另一个空着的窗口,又指指身后等着结账的洋人,心想这下子应该能意会了吧?岂料小哥仍纹风不动,而女收银员则直接招手让顾客去结账,那名洋顾客还怀疑问道:"我可以吗?"

我一生气,扭头就走。

事后回想,小哥忽视我是因为语言不通(一开始他也帮忙了,发现帮不了后,只能选择忽视),至于后来的"不帮忙结账",也许那不是他的工作范围,甚至被禁止越权。倘若真是那样,解释一下就行,偏偏小哥不会说英语,而会说英语的女收银员正忙着,加上"说"的能力可能低于听力,以致让我感觉不受重视,继而拂袖而去。

瞧!这又是一例因各自立场不同或自身条件受限所造成的误会。

其实只要活着的一天,完全不生气是不可能的,因为每个人当下的状态有好有坏，看事情的角度也不尽相同之故，但"少生气"却是可行的，譬如包容心大一点儿、远离情绪不佳或与自己磁场不合的人、搬到戾气没那么重的地方……等，基本能降低生气的频率。

以上是我的浅见，您认同吗？

47、偶发事件的省思

很久以前,我曾看过一本著名作家写的书,其中一章提到她的老师上课时总爱聊八卦。有一天,她与老师在走廊上狭路相逢,她的老师问她:"妳是不是很瞧不起我?"

这名作家后来以笔锋犀利闻名,批评起时事来,完全不留颜面,所以我颇相信这位老师的第六感灵验,她的学生就是瞧不起她,理由不言而喻。

与这位作家不同,我极爱听八卦,只要上课老师讲起"别人家的事",我立马像打了鸡血似的,全身充满活力,反之则昏昏欲睡。

印象中，我的"老师们"多多少少都会在课堂上讲些题外话，有的甚至会开黄腔（不过都是点到为止），这给枯燥的学习生活带来些许乐趣，所以我并不觉得有什么不妥。

从这些课堂上散布出来的蒜皮小事中，有数条我至今仍记忆犹新，这包括发生在英语老师身上的事。话说这位老师某天上美妆店，碰上一位爱搭不理的店员，她遂拿起一支口红，随口问了几句便要店员包起来，店员很快收起傲慢，脸上也有了笑容。

"对付这种人，就得拿钱砸。"我的老师说。

没想到四十年后，类似的事会发生在我身上，请听我道来……

这几天，芭提雅的尚泰百货正在打折，我和老公当然不愿错过。当我们买完衣服，从服装店走出来时，心情无疑是美丽的，因为收银员很健谈，我们还因成人袜看起来像幼童穿的而笑成一团，以致对接下来发生的事一时没反应过来。

"没有42码的，"那人用力夺走我手上的跑步鞋，放回展示区，"就算是给男人穿的，也没有42码。"

在中国，我一向穿42码鞋，所以也没怎么留意泰国是否使用相同的衡量标准（这不重要，不是吗？），何况我是女的，她提男的干嘛？

"我是女的，他提男的干嘛？"我问老公。

这是个侧击（不正面开打），同时也是个求助信号，老公遂问那名销售店里的鞋都有哪些码？她嘴里念念叨叨，大概的意思是看我的脚形应该穿39码，于是我问她店里的最大码是多少？她答39。

"刚刚那双……"我指向物归原位的跑步鞋，"有39码的吗？"

"没有没有。"她不耐烦说道。

于是我指向身旁架子上的两双休闲鞋，要她拿39码的过来。

鞋子送上后，这人立马又递过来一双"别人穿过"的袜子。由于我早有买鞋计划，所以事先准备了自己的袜子，见状，这位销售才改变态度，不仅告诉我绿色鞋比蓝色鞋更适合我，还拿来一双她认为好看的鞋让我试，毕竟会准备袜子的人应该诚心想买鞋，不是吗？

正当我纠结该选38码还是39码时，此人不忘提醒我选好尺码，因为付完费就不给退换了。

老实说，我根本没想过货物出门还能退换的问题，即使买错了，我也没精力去折腾。

后来我选了39码的蓝色鞋，结账过后，那个一开始吃了十斤炸药的销售终于展露笑颜，毕恭毕敬地将装好袋的鞋子奉上，双手合十，道了一声："口坤卡。"

这个画面让我想起四十年前老师说过的话——对付这种人，就得拿钱砸！

买完鞋后，我试着做其他事来转移注意力，譬如上健身房健身、与朋友聊天、写作、上网做旅游攻略（今年九月份，我和老公打算到巴厘岛游玩）等，可是仍心乱如麻，看来我对今日发生的事是介意的，索性开始自我剖析。

没错，我是不该让不礼貌的人有钱赚，不过在当时心情愉快的情况下，很难立即拉下脸或者认定别人带着恶意，只能顺着情势往下走，那么我纠结的点难道在于自己过度心善，导致没在第一时间做出"有力"的反击？

这听起来很匪夷所思，怎么顷刻间我就对自己的"心境平和"感到不快？

思前想后，我得出一个结论，那就是人很难瞬间变脸，我若为自己"无法快速愤怒"而恼怒，这其实违反人性，因为能快速做出反应（以牙还牙）的人，多半本身就站在愤怒边缘，所以一点燃就炸，我该庆幸的是自己没处于"水深火热"之中（坏处便是"自救感"不足）。

这么自我开导后，我逐渐放下了，因为"允许已发生的事情发生"也是一种能力，既然改变不了，那就接受吧！接受不完美的别人和无法及时"正确"处理突发事件的自己，这也是人生的课题之一。

48、夹着尾巴的白种人

在第96届奥斯卡颁奖典礼上，得奖的罗拔唐尼（Robert Downey Jr.）单手从华裔美国男星关继威的手中拿走奖座，没有直视颁奖者，也没有和他握手致意，而是转头和台上其他人握手碰拳，让两次想与他互动的关继威颇为尴尬。

有人说罗拔唐尼是兴奋过头，以致忽视了枝枝节节，但我认为大概率就是瞧不起人，与其说瞧不起关继威，倒不如说瞧不起他的肤色，因为此人（或此类人）所表现出来的傲慢和目空一切对我来说非常熟悉，熟悉到我还可以帮"他们"补刀，好比插队（是的，白人也会插队，而且"看人"插队）、吐口水（一样是"看人"吐口水）、莫名其妙谩骂、差别待遇……等。这些白人其实就是霸凌者，而霸凌的对象偏好亚洲人，因为亚洲人普遍"打不还手、骂不还口"，符合"受气包"的角色。

当然，并不是每个白人都种族歧视（有些白人还特爱亚洲文化），我这里针对的是罗拔唐尼"们"，然而即便这些人的骨子里不把"有色人种"当一回事，但漂洋过海到泰国（也可能是其他国家）后，嚣张跋扈的气焰立即消散，"乖"得很不寻常。

拿我住的芭提雅而言，白人俯拾皆是，可是我却从未发现罗拔唐尼"们"的踪影，莫非罗拔唐尼"们"都不上泰国？那倒也不是，而是"人在屋檐下，不得不低头"，这就好比再怎么看某人不入眼，哪天若入住到某人家里，起码也得夹着尾巴做人。

记得很久以前，我的同事计划到海外度蜜月，她请我推荐旅游地。我告诉她最好的旅游地是东南亚，好比泰国、印尼、马来西亚等，因为物价低（当时的确低到尘埃里），口袋里的钱会"膨胀"不少，而且当地人很nice，能保证旅途愉快。

同事与她的准夫婿商量过后，还是决定到英国度蜜月，理由是这是他们第一次出国，也可能是最后一次，所以要挑个好点儿的。

（注：当时出国旅游是奢侈的事，可能会花掉一个月或好几个月的薪水。）

显然，在同事及其夫婿眼里，东南亚国家不够好，这也是很多国人的刻板印象（欧美加澳新好，东南亚和非洲不好，日韩尚可），所以移民首选是欧美加澳新，能到那些国家的人就是能人，反之就没那么好，甚至还有点儿江河日下的感觉。举个例子，有个英国籍华人跑到曼谷常居，网友们纷纷询问她为何要"捡了芝麻，丢了西瓜"？她的回复是英国天气不好、生活成本高，还是曼谷住着舒服。

要我说，这是个明白人，但明白人说明白话未必能得到共鸣，这就好比围城，里面的人想出来，外面的人想进去，想让外面的人不进去是不可能的，只能任由他们"一条道走到黑"。

拿我本人举例，我拿的是新西兰护照，嫁的是英国籍老公，完全可以在三国（澳大利亚、新西兰、英国）来去自如，但我却选择到泰国养老，在大多数人眼里，这很不智，除了囊中羞涩，大概找不到别的理由。

讲到"没钱，所以到泰国养老"，还真不是，因为泰国的消费水平不同以往，已经和国内一线城市不相上下，何况我若回新西兰居住，还有养老金可拿，住在泰国则领不到。基于以上，选择到泰国养老并不是穷，而是这里住着舒服，我不用表现得很有钱的样子（好换取尊重），也不用担心因肤色被歧视（白人在泰国会夹着尾巴做人，在本国则流露真性情），就是这么简单！

有句话"如人饮水，冷暖自知"，如果您不认同我的看法，不妨自己走一遭，我相信届时您会理解我的选择。

49、活在当下

前几天，我刷到一个有意思的视频，说的是一个"活在当下"的人K，他总是笑口常开，总是剑及履及，总是乐于分享，譬如听到有感觉的音乐时，他会随着音乐婆娑起舞；吃东西时，他会闭上眼睛，全身心去享受食物的味道；看到新奇的事物时，他会惊叹道："哇！看看这个。"

不知为何，当我看到这个视频时特别有感触，以致隔天竟对着浴室里的镜子笑，那样子看起来非常古怪。

（注：我之所以对着镜子笑，乃因视频里的K笑得像个孩子似的，我便想试试自己是否也能如此这般，没想到还真做不到。）

当天，我遛狗来到一片草地前，脑子还在天马行空，一会儿忆起儿时生活，一会儿又想到未来科技，时空来回穿梭，就是没落在"此时此刻"上，忽然，K的身影出现了。

"我也来试试活在当下吧！"我对自己说。

既然要活在当下，那么当下是什么呢？我开始观察四周，发现阳光从我的左后方照射下来，天空很蓝，上面有棉絮般的白云，仔细一看，云在动（不注意看是看不出来的）。

现在我将目光拉近，落在草地上的两只小鸟，它们正互相追逐，看起来像一对情侣或好朋友。待两只鸟飞走后，又来了两只，新来的比较话痨，啾啾啾地叫……Wait，既然它们啾啾啾地叫，那么咕咕咕的声音来自何方？我左看右瞧，终于在一栋房子的阳台栏杆上发现了鸽子。

"原来麻雀的声音是啾啾啾，鸽子的声音是咕咕咕。"我心想。

现在我的视线又回到草地上，话痨鸟已经飞走，只剩疯长的杂草，它们有的深绿，有的浅绿，有的绿中带黄，有的绿中带褐，无一例外的是这些深深浅浅的绿草皆微微颤动着……

"起风了吗？"我心想，同时将视线拉得更近，"是的，身旁这棵树的叶子正在摇曳，我的皮肤也感觉到丝丝凉意。"

这个实验让我很是惊奇，因为我从未想过"活在当下"会如此有趣，以前的五十多年算白活了，不仅白活，还非常愚蠢，因为我总是懊恼过去、忧虑未来，偏偏无视最重要的当下，实在傻得可怜！

如今，当我又犯傻时，我总提醒自己："看看妳的当下是什么？"

这招倒是管用，当我意识到"当下"啥事也没有时，这有助我"相信"未来也不会有太糟糕的事情发生，因为如果"当下"无事，代表"当下"是安全的，倘若每个"当下"都安全，代表未来也是安全的，毕竟未来是由每个"当下"组成的。

我的这番话，大大咧咧的人可能无法体会，但对于总是"提前烦恼"的人来说，那可是当头一棒。

如果您不巧也杞人忧天，不妨试试这个法子，相信您也会同我一样，拥有"发现新大陆"的喜悦。

50、养老院与养老机器人

这几天,我前后刷到两条有关国内养老的新闻,一是儿子和年迈的母亲在酒店租下长租房,结果被酒店单方面解约;二是房东把房租给一名七十多岁的老人后又反悔,请求网友们支招。

针对以上两条,毁约固然不对,但我坚定地站在酒店和房东这一边,因为风险系数太大了,万一老人磕着或伤到,提供住处的商家或个人难免有麻烦,日后若"自然死亡",房屋虽不算凶宅,但心里多少会有疙瘩,凡此种种,还是远离为妙。

这么一分析,年老时如果想"单住"还真是个问题,所以当一所专为非泰籍人士提供的养老院出现时,我眼前一亮。

话说这所养老院的创始人是一名英国老爷爷，之所以把原来的度假村改装成养老院，起因是他母亲住在英国的养老院里，一个星期才能见到护工一次，其他服务就别提了。这个"不足之处"让他有了在清迈开养老院的想法，并且付诸行动……

"Guess what？"我对老公说，"清迈有一家英国人开的养老院，吃饭时间会开电瓶车去接老人，如果行动不便，也有送餐服务。"

"即使不住养老院，我也能点外卖吃啊！"老公答。

我电光一闪，是啊！如今的外卖行业很成熟，吃饭这一块已不能成为亮点，于是我举别的例子——哪天行动不便了，洗澡、换尿片、散步……等就成了问题，这时就需要一个好点儿的养老院。

老公表示如果真到了这个地步，那就请个看护，总比上私立养老院便宜。

讲到请看护，就不得不提我年轻时看过的一部电影——老人雇用女佣照顾自己，结果女佣一步步将老人孤立起来，当老人的亲戚和朋友都不再上门后，她便开始实施"鸠占鹊巢"的计划，将老人的房子和财产逐步占为己有,老人命悬一线……

显然,这部电影给我带来了阴影,以致当老公提议请看护时,我立即举双手双脚反对。

"既然这样,那就买个养老机器人吧!"老公退一步说。

我的确听过养老机器人,据说这类机器人还分为康复机器人、护理机器人和陪伴机器人。康复机器人主要用来帮助行动不便的老人进行康复活动;护理机器人则完成"护工"的工作,满足日常起居、出行、如厕、洗浴等方面的需求;陪伴机器人想当然尔是负责陪伴,除了陪老人聊天,还会唱歌和跳舞,目的是解决孤独感的问题,同时激发老人会话和思考能力,借以预防或延迟患上老年痴呆症。

"我不反对买养老机器人,但我不要'仿真'型。"我答。

据新闻报道,国内的人形机器人预计在2025年量产,并于2027年完成产业链和供应链体系。我不知道到时候出来的产品长什么样,但国外已经出现人型机器人,从录像上看,一个个皆是洋女长相，不光金发蓝眼，还有个突起的胸部（老实说，看起来挺像仿真充气娃娃）。像我这种看到洋娃娃都会害怕的人，岂能容忍一个"假"女人在家里走动？这半夜起床一看，岂不吓到心脏骤停？

"妳若要'仿真'的，还得加钱呢！"老公说，"最便宜的是支架式，看起来就像一台机器。"

"那最好！咱们以后就买这款机器人。"

当人们感慨养儿不能防老时，时代已经送上养老机器人，具備"24小时守护、尽职尽力、不闹脾气、提供情绪价值、无虐待行为、能联系家属、会叫救护车、省钱"等优点。

敢情我这是赶上时代的福利？！

这样看来，我反倒担心起前面提到的养老院会不会被时代抛弃？

老公果断答不会，原因有二，首先，要达到机器人俯拾皆是的程度，尚有一段时日；其次，即使家家户户都有机器人，养老院也不会消失，反倒因"真人"服务成了稀缺，要价甚至高过以往。

"我还有一个问题，"我说，"机器人肯定需要动力，老人都行动不便了，如何替机器人充电？"

"妳傻啊！扫地机器人都会自己充电，这种高科技的养老机器人不会？"

想到养老机器人已经伺候（外加说唱逗乐）老人一整天，到了夜里还得自己"电"自己，我忍俊不禁，哈哈哈……

后记

我的泰国养老生活还在继续,后面的故事将写在《我的泰国养老生活3》中,感兴趣的读者们请继续关注。

作者介绍

在异国的背景下加入缠绵悱恻的爱情故事是B杜小说的一大特点,她的文笔清新、笔触诙谐、画面感很强,读完小说有种看完一部爱情偶像剧的感觉,特别适合怀春少女及对爱情有憧憬的女性阅读。

另外,B杜还创作了散文、严肃小说、系列小说等,欢迎关注。

ALSO BY B杜

《我的泰國養老生活 2》（繁體字版）
My Retirement Life in Thailand 2 (in traditional Chinese characters)

* * *

《法兰西情人》Love in France
《东瀛之爱》Love in Japan
《新西兰之恋》Love in New Zealand
《英伦玫瑰》Love in England
《爱在暹罗》Love in Thailand
《情定布拉格》Love in Prague
《狮城情缘》Love in Singapore
《爱上比佛利》Love in Beverly Hills
《梦回枫叶国》Love in Canada
《早安，欧巴》Love in Korea

《我在苏黎世等风也等你》
Love in Switzerland

《迪拜公主的秘密情人》Love in Dubai

《马力历险记1之地球轴心》The Adventure of Ma Li (1): The Time Axis

《马力历险记2之黄金国》The Adventure of Ma Li (2): Eldorado

《马力历险记3之可可岛宝藏》The Adventure of Ma Li (3): The Treasure of Cocos Island

《B杜极短篇故事集(1~100)》A Word to the Wise (Tales 1~100)

《B杜极短篇故事集(101~200)》A Word to the Wise (Tales 101~200)

《B杜极短篇故事集(201~300)》A Word to the Wise (Tales 201~300)

《B杜极短篇故事集(301~400)》A Word to the Wise (Tales 301~400)

《B杜极短篇故事集(401~500)》A Word to the Wise (Tales 401~500)

《B杜极短篇故事集(501~600)》A Word to the Wise (Tales 501~600)

《B杜极短篇故事集(601~700)》A Word to the Wise (Tales 601~700)

《B杜极短篇故事集(701~800)》A Word to the Wise (Tales 701~800)

《巫觋咖啡馆之梧桐路篇》
The Witch & Warlock Café on Wutong Road

《巫觋茶馆之浣纱路篇》 The Witch & Warlock Teahouse on Huansha Road

《我的泰国养老生活1》 My Retirement Life in Thailand 1

《鸿沟》 A World Apart

《洁西卡》 Jessica

《夏小希》 Miss Xia

《谢小桐》 Miss Xie

出版社介绍

如意出版社（Luyi Publishing）在英国注册，致力于将优秀作品介绍给全球读者，联系方式如下：

邮箱1：Luyipublishing@163.com

邮箱2：Luyipublishing@gmail.com

优质服务推介

爱苗库Amyoku 长辈影像纪录/传记代写

Spend your time on the right person

www.amyoku.com

www.ingramcontent.com/pod-product-compliance
Lightning Source LLC
Chambersburg PA
CBHW030034100526
44590CB00011B/201